Book 1

Elementary Japanese
through Practical Tasks

Nihongo Daijobu!

きょうから話せる！
にほんご
だいじょうぶ

サンアカデミー日本語センター
Sun Academy NIHONGO Center

Free Audio Download

音声ダウンロード版

the japan times PUBLISHING

本書は、『きょうから話せる！にほんごだいじょうぶ Book 1』（CD付き：ISBN978-4-7890-1589-9）の音声ダウンロード版です。教材の内容や音声に変更はありません。

音声は以下の方法でダウンロードできます（無料）。
・右のコードを読み取って、ジャパンタイムズ出版の音声アプリ「OTO Navi」をスマートフォンやタブレットにインストールし、音声をダウンロードしてください。
・パソコンの場合は、以下の URL から MP3 ファイルをダウンロードしてください。
  https://bookclub.japantimes.co.jp/jp/book/b646034.html

Compiled by: Sun Academy NIHONGO Center
Authors: Sun Academy NIHONGO Center Material Development Team
              ・Akiko Kajikawa (Planning/Editing/Writing)
              ・Tomoko Nagasawa / Junko Yoshikawa (Editing/Writing)
              ・Miki Saito / Momoyo Shigihara / Ryoko Morita (Writing)

編者：サンアカデミー日本語センター
著者：サンアカデミー日本語センター 教材開発チーム
      ・梶川明子（企画・編集・執筆）
      ・長澤朋子／吉川順子（編集・執筆）
      ・齊藤美樹／鴨原桃代／森田亮子（執筆）

きょうから話せる！ にほんごだいじょうぶ Book 1 ［音声ダウンロード版］
2024 年 6 月 5 日 初版発行

著 者：サンアカデミー日本語センター
発行者：伊藤秀樹
発行所：株式会社 ジャパンタイムズ出版
        〒 102-0082 東京都千代田区一番町 2-2　一番町第二TGビル 2F
ISBN978-4-7890-1891-3

First edition: June 2024

Narrators: Sumiyo Sawada, Jun Kasama, Saki Ueda, Norikazu Shimizu, and Kim Reynolds.
Recordings: TBS Service, Inc.
English translations and copyreading: Umes Corp.
Illustrations: Atsushi Shimazu (Pesco Paint)
Layout, typesetting and cover art: Hirohisa Shimizu (Pesco Paint)
Printing: Nikkei Printing Inc.

Published by The Japan Times Publishing, Ltd.
2F Ichibancho Daini TG Bldg., 2-2 Ichibancho, Chiyoda-ku, Tokyo 102-0082, Japan
Website: https://jtpublishing.co.jp

ISBN978-4-7890-1891-3

Printed in Japan

｜は｜じ｜め｜に｜

　日本に在住する外国人たちは、日本語のレベルにかかわらず、来日1日目から日本語の海に放り出されます。「日本人の話していることが全くわからない」「自分の考えていることが一言も話せない」など、彼らのストレスは想像以上に大きく、それは日を追うごとに増していきます。

　『にほんご だいじょうぶ』は、彼らが1日も早くこうした状況から脱出できるように開発された新しいタイプの初級日本語教科書です。従来の文型積み上げ学習とコミュニケーション中心の学習の双方の利点を取り込んだ、いわば「いいとこ取り」の教科書です。完成には準備段階も含め、10年の年月がかかりました。最も困難だったのは、クラスで行っている活動をどのようにテキスト上に表現するか、また「コミュニケーション積み上げ学習」という本書が提案する新しい学習方法をどうやって講師間で共有していくか、という点でした。試行錯誤の末、今回、本書を形にすることができたことは、多くの方々のおかげです。

　日本語教育のあり方を豊かな指導力で教えてくださった公益社団法人国際日本語普及協会会長・西尾珪子氏、私たちを常に励まし応援してくださった同協会理事長・関口明子氏および松井治子氏、日本語の文法が何たるか身を以て教えてくださった今は亡き政田寛子氏に、心よりお礼を申し上げます。また、出版にあたりジャパンタイムズの関戸千明氏には根気よくおつきあいいただき、大変お世話になりました。

　ご協力をいただいた皆様に心より感謝を申し上げるとともに、本書が学習者にとって快適な生活を送る上での一助となり、日本語を教える立場の皆さんが学習者とのコミュニケーションを楽しむチャンスとなることを心より願っています。

2014 年 12 月

サンアカデミー日本語センター　教材開発チーム

も く じ

『にほんご だいじょうぶ』について

　何語であれ、大人になってから新しい言語を学ぶことは大変な挑戦です。語彙、文法、発音、表記などをひとつずつ覚えた上で、さらに使えるように繰り返し練習しなければなりません。初級の学習者からよく「クラスで日本語を勉強しても実際の生活場面で使えない」「限られた場面なら日本語が使えるが、友だちと自由に話すことができない」という悩みが聞かれます。時間と労力をかけて覚え練習した日本語も、実際に使えなければ意味がありません。

　初級テキスト『にほんご だいじょうぶ』は、こうした問題を克服するために開発した新しいタイプの日本語教材です。本教材の学習方法とその理念は、「できるだけ短い期間で、日常場面において日本語で対応できるようになる」ことを目指しています。

1 『にほんご だいじょうぶ BOOK 1』の構成

本教材は、BOOK 1 と BOOK 2 で初級日本語の主要な部分を学習します。

BOOK 1 の概要

- ・到達レベル　① 日常のさまざまな場面でその時点での日本語力で対応できる
　　　　　　　② 自分の身のまわりのことについて、ある程度説明できるようになる
　　　　　　　③ 日本語の基本文法（名詞文、動詞文、形容詞文）の知識がきちんと身につく
- ・学習語彙数： 約 500 語
- ・想定授業時間数： 24 時間

BOOK 1 の構成

BOOK 1 は、本冊、別冊、付属音声から成っています。

[本冊]　①ユニット 1 ～ 12： 「タスク」を通して日本語を学ぶ
　　　　②かなカナドリル： ひらがなとカタカナの読み書きを学ぶ練習帳（切り取り可能）
　　　　③その他： 　　　　(1) Scripts（CD スクリプト）　(2) Index（単語さくいん）
　　　　　　　　　　　　　(3) Answers（ドリルの解答）

[別冊]　本冊の学習内容を補完する、場面別ストラテジー集とカテゴリー別単語集。
　　　　① **Strategies**（ストラテジー）：21 の場面別生活情報および会話・表現集
　　　　② **Glossary**（グロサリー）：　24 のカテゴリー別単語集

[付属音声]　🔊 マークが表示されているタスクの音声を収録。
　　　　＊ユニット 1 ～ 12 の表現や会話の音声、かなカナドリル用音声、および別冊
　　　　　Strategies の音声があります。
　　　　＊音声は、スマホ・タブレットではジャパンタイムズ出版の OTO Navi アプリから、
　　　　　PC ではジャパンタイムズ出版のウェブサイトからダウンロードしてください。
　　　　　https://bookclub.japantimes.co.jp/jp/book/b646034.html

2 「にほんご だいじょうぶ」の考え方 ～実際場面で話せるようになるために～

● 本物のコミュニケーション活動

『にほんご だいじょうぶ』では機械的な単純ドリルは行いません。ゲームをしたり、旅行プランや買い物リストを作成したり、自宅までの地図や育った町の絵を書いて説明するなど、どのユニットも初めから日本語を使って実際に何かをする活動を行います。本教材ではこの活動を「タスク」と呼び、すべてこの「タスク」を通じて学習を進めていきます。

● コミュニケーション積み上げ型学習

各ユニットのタスクは、「現場型」(here and now) のコミュニケーションから「言語依存型」(there and then) のコミュニケーションへと、認知的に難しくなるように配列されています。その結果、学習を進めるうちに、短くシンプルな日本語から、長い文レベルの日本語へと、無理なくコミュニケーションを積み上げていくことができます。

● タスクの流れと満足感を重視

各ユニットでは、導入のタスクから最終タスクまで、学習者の意識が終始一貫するように工夫してあります。タスクの流れが学習者の自然な意識の流れに即していることで、全体をひとつのエピソードとして体験的に学習することができ、その結果、学習した内容がしっかり身につきます。

また、ひとつひとつのタスクがコミュニケーションとして完結しているので、学習者は各タスクが終わるたびに「コミュニケーションができた」という満足感を得ることができます。

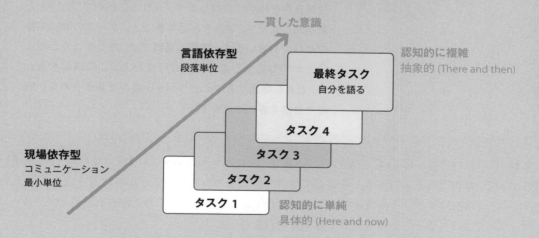

タスク（日本語を使いながら何かをするコミュニケーション活動）の配列

一貫した意識

言語依存型
段落単位

認知的に複雑
抽象的 (There and then)

最終タスク
自分を語る

タスク 4

タスク 3

現場依存型
コミュニケーション
最小単位

タスク 2

タスク 1

認知的に単純
具体的 (Here and now)

3 タスクの基本的な流れ ～実際場面を想定した活動から、分析、そして練習へ～

　教室という温室から一歩外に出れば、そこは日本語の大海原です。クラスで学んだ日本語がそのまま使われる保証はありません。初級学習者が実際場面を乗り切るためには、日本語力だけでなく、コミュニケーションを成立させるストラテジーと、自信（コミュニケーションをあきらめない態度）が必要になります。『にほんご だいじょうぶ』では多くのタスクで、以下の3つのステップを踏んでこの力を引き出します。

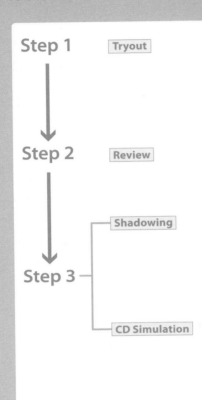

Step 1 | Tryout

実際場面を想定した体験型の活動です。学習者は教師のリードで、いきなり実際場面に限りなく近い状況をクラスで体験し、これをなんとか乗り越えなければなりません。この体験を通して、日本語の意味を類推する力と、コミュニケーションをあきらめない態度を身につけます。

Step 2 | Review

Tryout の体験を振り返ります。自分がどんな日本語を使ってコミュニケーションを成功させたのか、会話文の空欄を埋めながら、分析的に確認します。

Step 3 | Shadowing

Review で確認した会話を今度は音声で聞き、学習者は Review の紙面を見ながら、音声に合わせて同時に発話します。実際の場面では、たとえ初級者でも、ある程度の速さで話すことが要求されます。この練習を通して、自然な速さとリズム・イントネーションを身につけます。

| CD Simulation

付属音声を相手に会話します。せりふに続いて「ピー」と音が聞こえたら、学習者が話す番です。ポーズの間に応答のせりふを言います。実際の場面では、話しかけられたら何らかの対応をしなければなりません。この練習を通して、どんな場面でもコミュニケーションをあきらめない態度や自信を身につけます。

　なお、この教材ではしばしば、会話の中に「●×△」のような表示があります。これは、会話の相手が日本人で、学習者はその日本人から普通の速度で話しかけられているという状況を表しています。音声も、この部分はナチュラルスピードで発話されており、学習者はその中からなんとかキーワードを聞き取ってコミュニケーションを成立させる練習を行います。

4 新しい形の発音練習 ～リズム・イントネーション～

　日本語らしいリズム・イントネーションで発音できれば、コミュニケーションを成功させる大きな助けになります。本書ではそのための練習「リズム・イントネーション」を用意しました。

　ここでは、音声を流し、テンポを刻む音に合わせて繰り返し発音練習します。拍に合わせて発音することで、フレーズや文全体を一定の速さで言えるようにします。この練習にはほかに、ことばを覚えたり文構造を確認するという隠れた目的もあります。

　発音練習は、ただ繰り返すだけでは単純でつまらない練習になってしまいますが、「リズムに合わせてきれいに言えるようにしよう」と思えば、楽しく取り組むことができます。

5 別冊について

　別冊は、本冊を補完する内容として、日常生活で頻繁に必要になる情報や会話・表現・単語をまとめてあります。常に携帯していると便利です。

（1）Strategies（ストラテジー）

　日常のさまざまな場面が乗り越えられるように工夫した、生活場面別のストラテジー集です。全部で21の場面を取り上げました。各場面で知っておくべき情報と、表現や会話例をまとめてあります。学習者のニーズに合わせて適宜学習してください。本冊のユニットに関連させて学ぶ場合は、本冊の各ユニットの1ページめに、どのストラテジーと関連しているかが掲載してありますので、参照してください。

（2）Glossary（グロサリー）

　カテゴリー別に日常単語を集めた、日本語の基本語彙集です。24のカテゴリー別に、合計約1,300語を収録しました。本冊では、各タスクに必要なことばはそのつど掲載していますが、学習者ごとに必要な単語（出身国名、職業名など）は掲載していません。本冊の語彙で足りない場合は、ここを参照してください。

About *Nihongo Daijobu!*

Learning a new language in adulthood can be a big challenge for anyone, no matter what language it might be. This daunting task requires not only step-by-step memorization of vocabulary, grammar, pronunciation, the writing system, and other language features, but also the repeated practice necessary for becoming able to communicate freely. Because of this difficulty, some of you may experience times when you feel that no matter how hard you study Japanese in the classroom you cannot capably express yourself in real-world situations. Or, you might feel that even though you can use Japanese in limited settings, you cannot communicate with your friends as smoothly as you would like. Such experiences can be very frustrating, as there is no point in studying and practicing a foreign language if all that time and effort doesn't pay off with the ability to use it effectively.

Nihongo Daijobu! is a novel learning resource for beginning students of Japanese that is specifically designed to help them to break through such barriers and become able to communicate successfully in everyday situations, in as short a timeframe as possible.

1 Composition of Book 1

Nihongo Daijobu! covers the fundamentals of elementary-level Japanese through two texts—Book 1 and Book 2—and their companion tools.

Book 1 Goals

- **Achievement targets**
  - (1) You can communicate in Japanese in various everyday situations, at a level commensurate with your stage of progress.
  - (2) You can adequately talk about yourself in Japanese.
  - (3) You can correctly apply the grammar behind basic Japanese sentences (nominal, verbal, and adjectival sentences).
- **Target vocabulary:** Approx. 500 words
- **Expected classroom study time:** 24 hours

Book 1 Materials

The Book 1 set consists of the main text, a supplementary text, and audio materials.

Main text
- **(1) Units 1-12:** Task-based study of Japanese
- **(2) *Kana-kana* Drills:** Exercises in reading and writing *hiragana/katakana* (detachable)
- **(3) Other features:**
  - **1.** Scripts of the audio material
  - **2.** Index of all words listed in the Vocabulary section in each unit
  - **3.** Answer keys for drills in Units 1–12 and *Kana-kana* Drills

Supplement
Complements the main text with the following material.
- **(1) Strategies:** Background information, conversations, and phrases pertaining to 21 themes from everyday life.

(2) Glossary: Tables of words and their meanings, grouped by topic.

Audio   Contains audio recordings of tasks marked with 🔊 in the book.
- The recordings include audio material from the expressions and dialogues in Units 1–12, the *Kana-kana* Drills, and the supplementary text's Strategies.
- The audio material can be downloaded to your smartphone or tablet by the Japan Times Publishing's OTO Navi app, or to your PC from the Japan Times Book Club. https://bookclub.japantimes.co.jp/en/book/b646057.html

2 The *Nihongo Daijobu!* Approach
Focus on becoming able to communicate in real-world settings

● Real communication activities
Instead of having you do plain rote drills, *Nihongo Daijobu!* provides a diverse array of real communication activities throughout every unit, including playing games, formulating travel plans, making shopping lists, and drawing maps to your home or pictures of your hometown. These functional communication activities are referred to as tasks, and all learning in *Nihongo Daijobu!* is based on performance of these tasks.

● Step-by-step enhancement of communication skills
The tasks in each unit are arranged so that they become more cognitively difficult as the lesson progresses, moving from context-supported (here-and-now) communication to language-dependent (there-and-then) communication. This structure allows you to easily build up your Japanese communication skills step by step as you work your way up from short, simple expressions to long, complex sentences.

● Emphasis on natural flow and gaining satisfaction
From the start to finish of each unit, all tasks are designed to support intuitive learning. They follow the natural flow of thought so that you can experientially learn each as a single, coherent episode, and thus more firmly retain the new skills acquired.

    Also, each task forms a complete act of communication, allowing you to feel the satisfaction of having really communicated every time you finish a task.

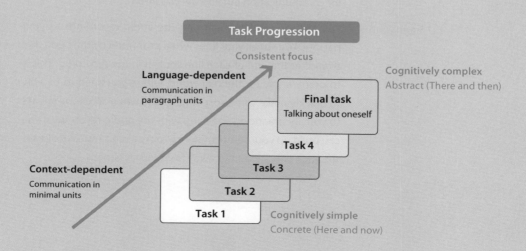

3 Basic Task Flow
Performance of situational task → Analysis → Practice

Step out of the sanctuary of your classroom in Japan and you'll find yourself immersed in the great wilderness of real-world Japanese communication, where there's no guarantee that native speakers will use the language in the same way you use it in class. In order to cope successfully with real-world situations, beginning learners need to equip themselves with not only Japanese language skills, but also effective communication strategies and the self-confidence to keep trying to communicate when faced with unfamiliar expressions and other barriers to understanding. *Nihongo Daijobu!* is designed to help you gain these powers by exposing you to communication tasks that mainly progress through the following three steps.

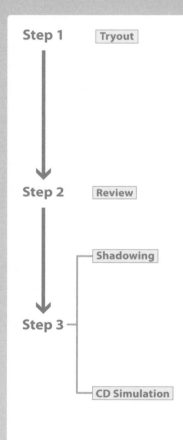

Step 1   Tryout

You start with a hands-on communication activity based on a real-world situation. Led by your instructor, you are suddenly immersed in a situation that very closely mimics an aspect of everyday life and challenges you to think on your feet as you try to communicate effectively. This experience enhances your ability to deduce the meaning of unfamiliar Japanese expressions and builds your self-confidence to keep trying to communicate.

Step 2   Review

Next, you take a look back at the Tryout experience. By filling in the blanks of a written dialogue, you analyze the Japanese expressions that enabled you to communicate successfully.

Shadowing

You listen to the recording of the dialogue you analyzed in the Review and try to repeat the audio material as soon as you hear it, while looking at the printed script in Review . In the real world, even beginning learners need to speak at a certain minimum speed, so this exercise is designed to help you acquire the natural speed, rhythm, and intonation necessary for communication outside the classroom.

Step 3

CD Simulation

You engage in dialogue, using the audio recordings as your partner. You speak your lines when prompted by the beep that sounds at the end of each line spoken in the recording. This is to prepare you for the real world, where you need to be able to quickly make some sort of response when someone speaks to you. By practicing speaking with the audio recordings, you can build up your self-confidence to try to communicate in any situation you encounter away from the classroom.

You will find that many of the dialogues in *Nihongo Daijobu!* have parts with the notation "●×△," which indicates lines spoken by a native speaker at normal speed. In the recordings, these lines are spoken at a natural rate, giving you functional practice in how to communicate successfully by picking out key words in things said to you by a native speaker.

4 A New Style of Pronunciation Practice
Rhythm and intonation

A very big part of successful communication in any language is being able to pronounce it with a natural rhythm and intonation. *Nihongo Daijobu!* provides practice in this skill area with the "Rhythm/ Intonation" exercises.

In these exercises, you listen to the recording and repeatedly practice pronunciation of the recorded material, in synch with the tempo kept by a sound prompt. By pronouncing the material at a regular cadence, you will become able to say phrases and sentences at a certain speed. Moreover, these exercises also have the extra bonus of helping you to memorize vocabulary and reinforce your understanding of sentence structure.

Pronunciation practice can be a dreary, monotonous chore if treated as just another rote memorization task, so *Nihongo Daijobu!* lets you turn it into a fun, rewarding experience by challenging you to clearly pronounce the material at a steady rhythm.

5 Supplementary Text

The supplementary text complements the main text with information, dialogues, expressions, and vocabulary essential to everyday life in Japan, making it a handy take-with reference whenever you go out.

(1) Strategies

These are communication strategies that can help you get by in a variety of situations in day-to-day life, divided into 21 themes. Each strategy provides must-know background information, expressions, and sample conversations for communicating in the target situation. You can study them as fits your needs and circumstances. The first page of each unit in the main text lists the strategies that are associated with the unit's content, so if you like you can study the strategies in conjunction with your progress in the main text.

(2) Glossary

The Glossary section contains approximately 1,300 basic, commonly-used Japanese words grouped into 24 categories. While the tasks in the main text provide the minimum vocabulary essential for performing them, they may not have all the words you personally need, such as your country's name or your job title, so refer to the Glossary to find expressions not covered in the main text.

DAIJOBU RULES for doing the tasks effectively:

When doing the tasks in this book, try to focus on communicating. This will enhance your listening and speaking skills, and enable you to communicate more effectively with Japanese outside of the classroom.

Do not pay too much attention to grammar or analyze individual Japanese words. Always try to pick out the key words, even in long sentences spoken fast, and do not worry about the things you do not understand (marked with "●×▼" in this book).

Unit 1
どうぞ よろしく

Dōzo yoroshiku (Nice to meet you)

- Introducing yourself
- Picking out the key words in long sentences
- Asking permissions

> Sumimasen. O-kuni wa?

> Amerika desu.

→ **Strategies:** 1. Magical Phrases
2. Greetings
(3. Filling Out Forms)

→ **Glossary:** 9. Names of Countries
10. Occupations
11. Majors / Specialties

Key Sentences 🔊 01-1

1 *Hajimemashite.*
Tanaka desu.
Dōzo yoroshiku (onegai shimasu).

How do you do?
My name is Tanaka.
Nice to meet you.

2 **Q:** *Itsu Nihon ni kimashita ka.*
A1: *Ichi-gatsu desu.*
A2: *Ichi-gatsu ni kimashita.*

Q: When did you come to Japan?
A1: In January.
A2: I came in January.

3 **Q:** *Nihon wa dō desu ka.*
A1: *Suki desu.*
A2: *Omoshiroi desu.*

Q: How do you like Japan?
A1: I like Japan.
A2: It is interesting.

4 **Q:** *Sumimasen.*
       □×▼●×▽ o-kuni ×▼?
A: *Amerika desu.*
Q: *□×▼●×▽ o-namae ×▼?*
A: *Sumisu desu.*

Q: Excuse me.
       [*He/she is asking your country's name.*]
A: I am from America.
Q: [*He/she is asking your name.*]
A: My name is Smith.

5 **Q:** *Sumimasen. Ii desu ka.*
A1: *Dōzo.*
A2: *Sumimasen. Chotto . . .*

Q: Excuse me. Is it okay (if I do ~)?
A1: Sure. / Go ahead.
A2: I am sorry, but no.

1 Greet someone new.

Ex. 🔊 01-2

Pen: はじめまして。 ペンです。 (How do you do? I'm Pen.)
Hajimemashite.   Pen desu.

Tanaka: はじめまして。 たなかです。 (How do you do? I'm Tanaka.)
Hajimemashite.   Tanaka desu.

Pen: どうぞ よろしく。 (Nice to meet you.)
Dōzo   yoroshiku.

Tanaka: どうぞ よろしく。 (Nice to meet you.)
Dōzo   yoroshiku.

Pen   Tanaka

2 Match the words. 🔊 01-3

Ex. (a) にほん
Nihon

(1) ( ) おしごと
o-shigoto

(2) ( ) おくに
o-kuni

(3) ( ) おなまえ
o-namae

(4) ( ) きました
kimashita

(5) ( ) はじめまして
hajimemashite

(6) ( ) どうぞ よろしく
dōzo   yoroshiku

a. Japan (Ex.)   b. your name   c. your country   d. your occupation
e. How do you do?   f. Nice to meet you   g. (I) came

Task 2 　おくには？　*O-kuni wa?* (Where are you from?)

■ **Say where you are from.**

Ex. 🔊 01-4

Q: すみません。　おくには？ (Excuse me. Where are you from?)
　Sumimasen.　O-kuni wa?

A: アメリカです。 (I am from America.)
　Amerika desu.

■ **Countries**

アフガニスタン	*Afuganisutan*	Afghanistan	たいわん	*Taiwan*	Taiwan
アメリカ	*Amerika*	USA	ちゅうごく	*Chūgoku*	China
アルゼンチン	*Aruzenchin*	Argentina	チリ	*Chiri*	Chile
イギリス	*Igirisu*	UK	デンマーク	*Denmāku*	Denmark
イタリア	*Itaria*	Italy	ドイツ	*Doitsu*	Germany
イラン	*Iran*	Iran	トルコ	*Toruko*	Turkey
インド	*Indo*	India	にほん	*Nihon*	Japan
インドネシア	*Indoneshia*	Indonesia	ニュージーランド	*Nyūjīrando*	New Zealand
エジプト	*Ejiputo*	Egypt	ノルウェー	*Noruwē*	Norway
オーストラリア	*Ōsutoraria*	Australia	パキスタン	*Pakisutan*	Pakistan
オランダ	*Oranda*	Netherlands	ハンガリー	*Hangarī*	Hungary
カナダ	*Kanada*	Canada	フィリピン	*Firipin*	Philippines
かんこく	*Kankoku*	South Korea	フィンランド	*Finrando*	Finland
カンボジア	*Kanbojia*	Cambodia	ブラジル	*Burajiru*	Brazil
ギリシャ	*Girisha*	Greece	フランス	*Furansu*	France
ケニア	*Kenia*	Kenya	ベトナム	*Betonamu*	Vietnam
サウジアラビア	*Sauji Arabia*	Saudi Arabia	ポーランド	*Pōrando*	Poland
シンガポール	*Shingapōru*	Singapore	ポルトガル	*Porutogaru*	Portugal
スイス	*Suisu*	Switzerland	マレーシア	*Marēshia*	Malaysia
スウェーデン	*Suwēden*	Sweden	みなみアフリカ	*Minami-Afurika*	South Africa
スペイン	*Supein*	Spain			
スリランカ	*Suriranka*	Sri Lanka	メキシコ	*Mekishiko*	Mexico
タイ	*Tai*	Thailand	ロシア	*Roshia*	Russia

リズム・イントネーション (Rhythm / Intonation)

■ **Listen and repeat.** 🔊 **01-5** (Scripts: p. 153)

Ex. a. にほん   b. にほんじん   c. にほんご
Nihon   *Nihon-jin*   *Nihon-go*
(Japan)   (Japanese)   (the Japanese language)

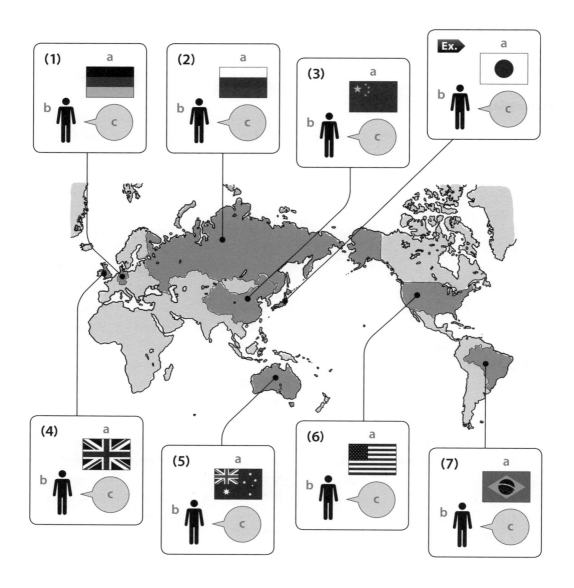

Task 4　いつ にほんに きましたか　*Itsu Nihon ni kimashita ka*
(When did you come to Japan?)

■ Say the month.

Ex.　🔊 01-6

Q: いつ にほんに きましたか。 (When did you come to Japan?)
Itsu　Nihon ni　kimashita ka.

A1: **12**がつです。 (In December.)
Jūni-gatsu desu.

A2: **12**がつに きました。 (I came in December.)
Jūni-gatsu ni kimashita.

■ **Months**　🔊 01-7

1 がつ	*ichi-gatsu*	January
2 がつ	*ni-gatsu*	February
3 がつ	*san-gatsu*	March
4 がつ	*shi-gatsu*	April
5 がつ	*go-gatsu*	May
6 がつ	*roku-gatsu*	June
7 がつ	*shichi-gatsu*	July
8 がつ	*hachi-gatsu*	August
9 がつ	*ku-gatsu*	September
10 がつ	*jū-gatsu*	October
11 がつ	*jūichi-gatsu*	November
12 がつ	*jūni-gatsu*	December

■ **～ year(s) ago**　🔊 01-8

1 ねんまえ	*ichi-nen mae*	one year ago
2 ねんまえ	*ni-nen mae*	two years ago
3 ねんまえ	*san-nen mae*	three years ago
4 ねんまえ	*yo-nen mae*	four years ago

1 Listen and fill in the name cards. 🔊 **01-9** (Scripts: p. 153)

Ex.

● Name	*Pauro* (Paolo)
♥ Country	*Burajiru* (Brazil)
♦ Date	*ichi-gatsu* (January)
♠ Occupation	*kaisha -in* (office worker)

(1)

● Name	
♥ Country	
♦ Date	
♠ Occupation	*ginkō-in* (banker)

(2)

● Name	
♥ Country	
♦ Date	
♠ Occupation	*shufu* (homemaker)

2 Make your name card.

● Name	
♥ Country	
♦ Date	
♠ Occupation*	

∗See Glossary 10.

Task 6 おなまえは？ *O-namae wa?* (May I ask your name?)

1 **Interview your classmates.**

	Country	When did he/she come?	How does he/she like Japan?	Name	Occupation
Ex.	*Chiri* (Chile)	*ichi-gatsu*	*suki desu*	*Pen*	*kaisha-in*

Ex. 🔊 **01-10**

Q: すみません、おくには？
Sumimasen,　o-kuni wa?

A: チリです。
Chiri desu.

Q: いつ にほんに きましたか。
Itsu　Nihon ni　kimashita ka.

A: 1がつです。
Ichi-gatsu desu.

Q: にほんは どうですか。
Nihon wa　dō desu ka.

A: すきです。
Suki desu.

Q: おなまえは？
O-namae wa?

A: ペンです。
Pen desu.

Q: すみません。ペンさん、おしごとは？
Sumimasen.　Pen-san,　o-shigoto wa?

A: かいしゃいんです。
Kaisha-in desu.

■ **Variations**

• たのしいです。 (It is fun.)
Tanoshii desu.

• おもしろいです。 (It is interesting.)
Omoshiroi desu.

2 **CD Simulation** **You meet someone new. He asks you five questions about you. Pick out the following key words and answer his questions.** 🔊 **01-11** (Scripts: p. 153)

• おくに	• おなまえ	• おしごと	• いつ	• どうですか
o-kuni	*o-namae*	*o-shigoto*	*itsu*	*dō desu ka*

(Say your answers after the beeps. You will hear a model answer after each question.)

1 Tryout **You are at a party. Someone asks you if he/she can take a seat next to you.**

2 Review **Complete the conversations.** 🔊 01-12

1

You are at a party. You find an empty seat and ask A-san if it is okay to sit there.

You: すみません。① _____
Sumimasen. (May I [take this seat]?)

Stranger A: ② _____
(Sure.)

You: ありがとうございます。
Arigatō gozaimasu.

2

(Continue the conversation. Ask each other from what country the partner came, when he/she came to Japan, etc.)

3

Someone asks you if he/she can sit next to you, but you decline.

Stranger B: すみません。③ _____
Sumimasen. (May I [take this seat]?)

You: ④ _____
(I am sorry, but no.)

Final Task じこしょうかい　*Jiko shōkai*　(Self introduction)

1 Listen and fill in the blanks.

A 🔊 01-13

① _____ スミスです。
　　　　　　　　　　　　　　　　　　　Sumisu desu.

アメリカから　きました。　12がつに　きました。
Amerika kara　　kimashita.　Jūni-gatsu ni kimashita.

ぎんこういんです。② _____ よろしく　おねがいします。
Ginkō-in desu.　　　　　　　　　　　　yoroshiku　onegai shimasu.

B 🔊 01-14

③ _____ タンです。
　　　　　　　　　　　　　　　　　　　Tan desu.

ちゅうごくから　④ _____　2ねんまえに　⑤ _____
Chūgoku kara　　　　　　　　　　　Ni-nen mae ni

しゅふです。⑥ _____
Shufu desu.

2 Introduce yourself to the class.

Hajimemashite. _____ desu.
　　　　　　　　　　　　　　　(Name)

_____ kara kimashita.
　　　　　(Country)

_____ ni kimashita.
　　　　　(Date)

_____ desu. Dōzo yoroshiku.
　　　　　(Occupation)

Greetings

A: Formal / Polite
B: Casual / Less polite

▸ **Listen and repeat.** 🔊 01-15

A: Formal / Polite	B: Casual / Less polite	
(1) *Ohayō gozaimasu.*	*Ohayō.*	Good morning.
(2) *Kon'nichiwa.*	*Kon'nichiwa.*	Hello. / Good afternoon.
(3) *Konbanwa.*	*Konbanwa.*	Good evening.
(4) *Sayōnara. / Shitsurei shimasu.*	*Jā ne.*	Good-bye.
(5) *Arigatō gozaimasu.*	*Arigatō.*	Thank you.
(6) *Sumimasen.*	*Gomen'nasai. / Gomen ne.*	Excuse me. / I am sorry.

Grammar

1. Focusing on the key words: *o-namae, o-kuni, o-shigoto*

When you meet someone new, you are usually asked about the country where you are from, your name, and your occupation in various ways. You can respond to them by focusing on such key words as *o-namae*, *o-kuni* and *o-shigoto*.

namae	(name)	→	*o-namae*	(a polite way of saying "your name")
kuni	(country)	→	*o-kuni*	(a polite way of saying "your country")
shigoto	(occupation)	→	*o-shigoto*	(a polite way of saying "your occupation")

When you hear "□●×▽ *o-namae* ×▼?" with rising intonation, the speaker is asking your name, so just say "your name + *desu*." The same strategy can be used for *o-kuni* and *o-shigoto*.

Q: *Sumimasen.* □●×▽ *o-namae* ×▼? A: *Sumisu desu.*	Excuse me. [*He/she is asking your name.*] (My name) is Smith.
Q: □●×▽ *o-kuni* ×▼? A: *Amerika desu.*	[*He/she is asking your country.*] I am from America.
Q: □●×▽ *o-shigoto* ×▼? A: *Kaisha-in desu.*	[*He/she is asking your occupation.*] I am a office worker.

2. Asking questions about someone

When asking someone's name, add *wa* to *o-namae* (your name) with rising intonation. You can use the same strategy for *O-kuni wa?* and *O-shigoto wa?*

O-namae wa?	(lit., Your name?)	May I ask your name?
O-kuni wa?	(lit., Your country?)	Where are you from?
O-shigoto wa?	(lit., Your occupation?)	May I ask your occupation?

~ *wa?* is not a full sentence but is natural for questions and is considered sufficiently polite.

3. Other typical phrases for a first meeting

Q: *Itsu Nihon ni kimashita ka.* A1: *12-gatsu desu.* A2: *12-gatsu ni kimashita.*	Q: When did you come to Japan? A1: In December. A2: I came here in December.

Amerika kara kimashita. *Chūgoku kara kimashita.*	I came from the US. I came from China.

Q: *Nihon wa dō desu ka.* A1: *Suki desu.** A2: *Tanoshii desu.** A3: *Omoshiroi desu.**	Q: How do you like Japan? A1: I like Japan. A2: It is fun. A3: It is interesting.

＊ See Glossary 23 for more words.

4. *Tanaka-san*

-san means "Mr./Mrs./Ms./Miss." It can be used for both either males or females, and unlike English, it can also be used with only a first name. It cannot be used to refer to yourself.

Tanaka-san	with a last name only
Tanaka Akiko-san	full name (female)
Tanaka Akira-san	full name (male)
Akiko-san / Akira-san	with a first name only

5. Expressions for asking permission and declining

Q: *Sumimasen. Ii desu ka.*	**Q**: Excuse me. Is it okay (if I do ~)?
A1: *Dōzo.*	**A1**: Sure./Go ahead.
A2: *Sumimasen. Chotto . . .*	**A2**: I am sorry, but no.

"*Sumimasen. Ii desu ka*" can widely be used to ask for permission to do something, such as trying on clothes at a shop or taking photos at public facilities. When you want to decline a request for permission, you can politely do so with just "*Sumimasen, chotto . . . .*"

Vocabulary

Nouns

T1	にほん	*Nihon*	Japan
	おしごと	*o-shigoto*	your job; occupation
	しごと	*shigoto*	job; occupation; work
	おくに	*o-kuni*	your country
	くに	*kuni*	country
	おなまえ	*o-namae*	your name
	なまえ	*namae*	name
T2	アメリカ	*Amerika*	USA

* Countries → See Glossary 9.

T3	～じん	*-jin*	~ people [*nationality*]
	にほんじん	*Nihon-jin*	Japanese people
	～ご	*-go*	~ language
	にほんご	*Nihon-go*	Japanese language
	えいご	*eigo*	English language
	ドイツ	*Doitsu*	Germany
	ロシア	*Roshia*	Russia
	ちゅうごく	*Chūgoku*	China
	イギリス	*Igirisu*	UK

	オーストラリア	*Ōsutoraria*	Australia
	ブラジル	*Burajiru*	Brazil
	ポルトガル	*Porutogaru*	Portugal
T4	～がつ	*-gatsu*	[*month*]
	1 がつ	*ichi-gatsu*	January
	～ねんまえ	*-nen mae*	~ years ago
	1 ねんまえ	*ichi-nen mae*	a year ago

* Time expressions → See Glossary 5.

T5	かいしゃいん	*kaisha-in*	office worker
	ぎんこういん	*ginkō-in*	banker
	しゅふ	*shufu*	homemaker

* Occupations → See Glossary 10.
* Majors → See Glossary 11.

T6	チリ	*Chiri*	Chile
	～さん	*-san*	Mr./Ms. ~
	スミスさん	*Sumisu-san*	Mr./Ms. Smith

Interrogative

| T4 | いつ | *itsu* | when |

Expressions

T1	はじめまして。	*Hajimemashite.*	How do you do?
	どうぞ よろしく（おねがいします）。	*Dōzo yoroshiku (onegai shimasu).*	Nice to meet you. (lit., Please have a good relationship with me.)
T2	すみません。	*Sumimasen.*	Excuse me.; I am sorry.
T4	[time expression +] きました。	*~ kimashita.*	(I) came [*time expession*].
T6	～は どうですか。	*~ wa dō desu ka.*	How do you like ~?
	すきです。	*Suki desu.*	I like ~.
	たのしいです。	*Tanoshii desu.*	It is fun.
	おもしろいです。	*Omoshiroi desu.*	It is interesting.
T7	いいですか。	*Ii desu ka.*	Is it okay?; Is it correct?; May I?
	どうぞ。	*Dōzo.*	Sure.; Go ahead.
	すみません。 ちょっと……。	*Sumimasen. Chotto . . .*	I am sorry, but no.
	ありがとうございます。	*Arigatō gozaimasu.*	Thank you.

Unit 2
なんですか

Nan desu ka (What is this?)

- Asking "What's this?" "Whose is this?" and "Which one?"
- Expressions for the days of the week
- How to say "I don't understand" and "Oh, now I understand"

Nan desu ka.

→ **Strategies:**　5. Riding a Bicycle
→ **Glossary:**　6. Calendar
　　　　　　　　12. Daily Necessities

Key Sentences 🔊 02-1

1 Q: *Kyō wa nan-yōbi desu ka.*
　　A: *Getsu-yōbi desu.*

　　Q: What day (of the week) is today?
　　A: It is Monday.

2 Q: *Nan desu ka.*
　　A: *Kaban desu.*

　　Q: What is this?
　　A: It is a bag.

3 Q: *Dare no desu ka.*
　　A: *Tanaka-san no desu.*

　　Q: Whose is it?
　　A: It is Tanaka-san's.

4 Q: *(Sore wa) kaban desu ka.*
　　A1: *Hai, kaban desu.*
　　A2: *Iie, kaban ja nai desu.*

　　Q: Is that a bag?
　　A1: Yes, it is a bag.
　　A2: No, it is not a bag.

5 Q: *Dore desu ka.*
　　A: *Kore desu.*

　　Q: Which one is it?
　　A: This one.

6 · *Sumimasen. Wakarimasen.*
　　· *Yukkuri onegai shimasu.*
　　· *A, wakarimashita.*

　　· I am sorry. I do not understand.
　　· Please speak slowly.
　　· Oh, now I understand. (lit., I understood.)

にちようびですか *Nichi-yōbi desu ka* (Is it Sunday?)

1 Days of the week

日 にちようび *nichi-yōbi*	月 げつようび *getsu-yōbi*	火 かようび *ka-yōbi*	水 すいようび *sui-yōbi*
木 もくようび *moku-yōbi*	金 きんようび *kin-yōbi*	土 どようび *do-yōbi*	

Tryout Point out the card that the teacher says.

▶ **Listen and repeat.** 🔊 02-2

(1) にちようび (Sunday)
nichi-yōbi

(2) げつようび (Monday)
getsu-yōbi

(3) かようび (Tuesday)
ka-yōbi

(4) すいようび (Wednesday)
sui-yōbi

(5) もくようび (Thursday)
moku-yōbi

(6) きんようび (Friday)
kin-yōbi

(7) どようび (Saturday)
do-yōbi

(8) なんようび (what day)
nan-yōbi

2 Card game: Guess the card your partner has.

Ex.▶ 🔊 02-3

Q: 「にちようび」ですか。 (Is it "Sunday"?)
 "Nichi-yōbi" desu ka.

A1: はい、「にちようび」です。 (Yes, it is "Sunday.")
 Hai, "nichi-yōbi" desu.

A2: いいえ、「にちようび」じゃないです。 (No, it is not "Sunday.")
 Iie, "nichi-yōbi" ja nai desu.

3 **Answer the teacher's questions.**

Ex. 🔊 02-4

Teacher: きょうは　なんようびですか。(What day is today?)
Kyō wa　nan-yōbi desu ka.

You: かようびです。(It is Tuesday.)
Ka-yōbi *desu.*

Teacher: あしたは　なんようびですか。(What day is tomorrow?)
Ashita wa　nan-yōbi desu ka.

You: すいようびです。(It is Wednesday.)
Sui-yōbi *desu.*

Task 2 **なんですか** *Nan desu ka* (What is this?)

■ **Ask the teacher how to say things in Japanese and fill in the blanks.** 🔊 02-5

(Scripts: p. 153)

Ex. **You:** なんですか。(What is this?)
Nan desu ka.

Teacher: かばんです。(It is a bag.)
Kaban desu.

| kaban |

(1)　

(2)　

(3)　

(4)　

(5)　

(6)　

(7)　

(8)　

(9)　

(10)　

■ **Use the following expressions if necessary.**

• わかりません。(I do not understand.)
Wakarimasen.

• あ、わかりました。(Oh, now I understand.)
A, wakarimashita.

• すみません。ゆっくり　おねがいします。(Excuse me. Please speak slowly.)
Sumimasen. Yukkuri　onegai shimasu.

Phrases for the Task 🔊 02-6

Q: だれの ですか。(Whose is this?)
Dare no desu ka.

A1: ペンさんの かばんです。／ ペンさんの です。
Pen-san no kaban desu. *Pen-san no desu.*
(It's Pen-san's bag.) (It's Pen-san's.)

A2: ペンさんの かばんじゃないです。／ ペンさんの じゃないです。
Pen-san no kaban ja nai desu. *Pen-san no ja nai desu.*
(It's not Pen-san's bag.) (It's not Pen-san's.)

A1
Pen-san

A2
Sumisu-san

■ **Fill in the blanks.**

Ex.
Pen-san

Q: だれの じてんしゃですか。
Dare no jitensha desu ka.

A: ペンさんの じてんしゃです。
Pen-san no jitensha desu.

(1)
Tanaka-san

Q: たなかさん ＿＿＿＿ かばんですか。
Tanaka-san kaban desu ka.

A: はい、たなかさん ＿＿＿＿ かばんです。
Hai, Tanaka-san kaban desu.

(2)
Sumisu-san

Q: ペンさんの パソコンですか。
Pen-san no pasokon desu ka.

A: いいえ、ペンさんの パソコン ＿＿＿＿＿＿＿＿ です。
Iie, Pen-san no pasokon desu.

(3)
Pen-san

Q: だれの ですか。
Dare no desu ka.

A: ＿＿＿＿＿＿＿＿＿＿ です。
desu.

(4)
Sumisu-san

Q: ペンさんの ですか。
Pen-san no desu ka.

A: いいえ、＿＿＿＿＿＿＿＿＿ じゃないです。
Iie, ja nai desu.

スミスさん ＿＿＿＿ です。
Sumisu-san desu.

Task 4 これ・それ・あれ *Kore/Sore/Are* (This / That / That)

1 [Tryout] **Answer the teacher's questions.**

2 [Review] **Fill in the blanks with *kore, sore* and *are*.**

① (   ) *wa kagi desu.*

② (   ) *wa tokei desu.*

③ (   ) *wa nan desu ka.*

どれですか *Dore desu ka* (Which one?)

1 Tryout **Find out the owner of various things.**

2 Review **Choose the phrases for each balloon.**

a. だれの ですか。	b. これは だれの ですか。	c. わたしの です。
Dare no desu ka.	*Kore wa dare no desu ka.*	*Watashi no desu.*
d. どれですか。	e. わたしの じゃないです。	f. これです。
Dore desu ka.	*Watashi no ja nai desu.*	*Kore desu.*

3 Shadowing **Say the conversation aloud with the CD.** 🔊 **02-7**

Final Task わかりません *Wakarimasen* (I don't understand)

Phrases for the Task 🔊 02-8

• わかりません。(I don't understand.)
  Wakarimasen.

• これですか。([Do you mean] this one?)
  Kore desu ka.

• あ、わかりました。(Oh, now I understand.)
  A, wakarimashita.

• ゆっくり　おねがいします。(Please speak slowly.)
  Yukkuri onegai shimasu.

1 | Tryout | **Talk with the caretaker.**

You are putting out trash at the garbage collection area of your apartment.

2 | Review | **Complete the conversation.**

1 Caretaker: ◆○▲×●□▼。▲×●□。○▲×●□▼×。●×●□▼×○■。

You: すみません、① _____ ② _____
Sumimasen, (I don't understand.) (Please speak slowly.)

2 Caretaker: ◆○▲ それ ●□▼ きょうじゃないです。●□▼×○▲□×。
sore kyō ja nai desu.

You: ③ _____
(This one?)

3 Caretaker: ○▲×●□▼ あしたです。◆×●□▼×○■△×●。
ashita desu.

You: [*Now you understand.*]

④ _____ ⑤ _____
(Oh, now I understand.) (Thank you.)

3 | CD Simulation | **Have a conversation with the CD.** 🔊 02-9
(Say your answers after the beeps.)

1. ~ wa ~ desu

"Noun A *wa* Noun B *desu*" means "A is B."

Noun A	Noun B	
Sumisu-san wa	*Amerika-jin* desu.	Mr./Ms. Smith is an American.
Pauro-san wa	*kaisha-in* desu.	Paolo is an office worker.
(Watashi wa)	*Sumisu* desu.	I am Smith.

When what Noun A refers to is clear, it is generally omitted in Japanese. For example, "*Sumisu desu*" is used instead of "*Watashi wa Sumisu desu*." Particularly, *watashi* (I) and *anata* (you) are likely to be omitted in natural conversation.

2. ~ wa ~ ja nai desu

"(Noun A *wa*) Noun B *ja nai desu*" means "A is not B."

Noun A	Noun B	
(Watashi wa)	*Nihon-jin* ja nai desu.	I am not Japanese.
(Sore wa)	*kaban* ja nai desu.	That is not a bag.
(Sore wa)	*watashi no* ja nai desu.	That is not mine.

3. Ka

To make questions in Japanese, just put *ka* at the end of the sentence. Questions using question words like *dare* (who), *nani* (what), *itsu* (when), *dō* (how), etc., should also have *ka* at the end, and their word order do not change.

(Tan-san wa)	*Chūgoku-jin* desu ka.	Is Tan-san Chinese?
(Kore wa)	*kaban* desu ka.	Is this a bag?
(Kore wa)	**nan** desu ka.	What is this?
(Kore wa)	**dare** no hon desu ka.	Whose book is this?

4. No

No indicates the owner of things. The items can be omitted if understood.

Owner	Item	
watashi no	T-shatsu	my T-shirt
Tanaka-san no	hon	Tanaka-san's book
watashi no	-	mine
Pen-san no	-	Pen-san's

5. Kore / Sore / Are

kore	something near the speaker (this)
sore	something near the person spoken to (that)
are	something not near either the speaker or the person spoken to (that one over there)

6. Useful phrases when you understand what is being said

| A, wakarimashita. Arigatō gozaimasu. | Oh, now I understand. Thank you very much. |

"A" in "A, wakarimashita" is an important word that indicates you did not know something until the other person informed you about it. You can avoid unnecessary friction with others by using this phrase effectively.

Vocabulary

Nouns

T1	にちようび	nichi-yōbi	Sunday
	げつようび	getsu-yōbi	Monday
	かようび	ka-yōbi	Tuesday
	すいようび	sui-yōbi	Wednesday
	もくようび	moku-yōbi	Thursday
	きんようび	kin-yōbi	Friday
	どようび	do-yōbi	Saturday
	きょう	kyō	today
	あした	ashita	tomorrow
T2	かばん	kaban	bag
	かぎ	kagi	key
	くつ	kutsu	shoes
	さいふ	saifu	purse; wallet
	ほん	hon	book
	とけい	tokei	watch; clock

	けいたい（でんわ）	keitai (denwa)	mobile phone
	しんぶん	shinbun	newspaper
	じてんしゃ	jitensha	bicycle
	パソコン	pasokon	personal computer
	おかね	o-kane	money
T4	これ	kore	this one
	それ	sore	that one
	あれ	are	that one over there
T5	わたし	watashi	I; me

Interrogatives

T1	なんようび	nan-yōbi	what day (of the week)
T2	なん	nan	what
T3	だれの	dare no	whose
T5	どれ	dore	which one

Expressions

T1	はい。	Hai.	Yes.
	いいえ。	Iie.	No.
T2	わかりません。	Wakarimasen.	I do not understand.; I do not know.
	ゆっくり おねがいします。	Yukkuri onegai shimasu.	Please speak slowly.
	あ、わかりました。	A, wakarimashita.	Oh, now I understand. (lit., I understood.)

Unit 3
なんじですか

Nan-ji desu ka (What time is it?)

- Asking and telling time
- Asking and confirming your schedules and appointments
- Saying "That is right" or "That is not right"

Shigoto wa gogo hachi-ji kara desu.

Ganbatte kudasai.

→ **Glossary:** 2. Numbers
4. Time

Key Sentences 📢 03-1

1 **Q:** *Ima nan-ji desu ka.*
A: *Jūichi-ji desu.*

Q: What time is it now?
A: It is 11:00.

2 **Q:** *Shigoto wa nan-ji kara desu ka.*

A: *Ku-ji kara desu.*

Q: What time do you start working?
(lit., From what time is your work?)
A: 9:00. (lit., From 9:00.)

3 **Q:** *Kaigi wa nan-ji made desu ka.*

A: *San-ji made desu.*

Q: What time does the meeting end?
(lit., Until what time is the meeting?)
A: 3:00. (lit., Until 3:00.)

4 · *Gogo jū-ji kara desu ne?*

· (It's) from 10 p.m., right?

5 · *Sō desu.*
· *Chigaimasu.*

· That is right.
· That is not right.

6 **A:** *Taihen desu ne.*
Ganbatte kudasai.
B: *Hai. Ganbarimasu.*

A: That must be tough.
Please cheer up.; Hang in there.; Good luck.
B: I will do my best.

1 Numbers 🔊 03-2

いち *(ichi)*　に *(ni)*　さん *(san)*

よん／し *(yon/shi)*　ご *(go)*　ろく *(roku)*

なな／しち *(nana/shichi)*　はち *(hachi)*　きゅう／く *(kyū/ku)*

じゅう *(jū)*　じゅういち *(jūichi)*　じゅうに *(jūni)*

2 Card game: Guess the number your partner has.

Ex. 🔊 03-3

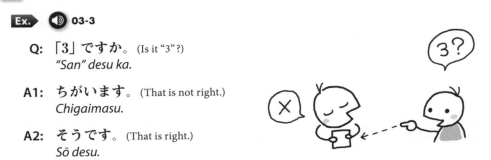

Q: 「3」ですか。 (Is it "3"?)
"San" desu ka.

A1: ちがいます。 (That is not right.)
Chigaimasu.

A2: そうです。 (That is right.)
Sō desu.

Task 2 なんじですか *Nan-ji desu ka* (What time is it?)

Words for the Task   03-4

1:00	2:00	3:00	4:00	5:00
ichi-ji	*ni-ji*	*san-ji*	*yo-ji*	*go-ji*
6:00	7:00	8:00	9:00	10:00
roku-ji	*shichi-ji*	*hachi-ji*	*ku-ji*	*jū-ji*
11:00	12:00	4:30	9:30	
jūichi-ji	*jūni-ji*	*yo-ji han*	*ku-ji han*	

Pair Work **Ask each other the time.** (Sheet B: p. 36)

Ex. 03-5

Q: すみません。 いま なんじですか。 (Excuse me. What time is it now?)
 Sumimasen.   Ima   nan-ji desu ka.

A: 1じです。 (It is one o'clock.)
 Ichi-ji desu.

1:00

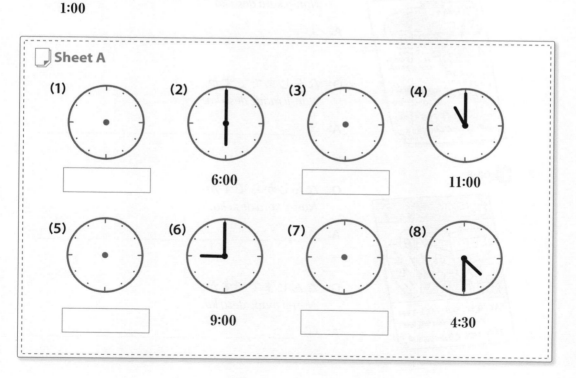

Sheet A

(1)

(2) 6:00

(3)

(4) 11:00

(5)

(6) 9:00

(7)

(8) 4:30

Task 3 なんじからですか　*Nan-ji kara desu ka*　(What time do you start?)

1 Say the starting and ending times.

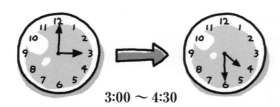

3:00 ～ 4:30

Ex. 🔊 03-6

- 3 じからです。　4 じはんまでです。
  San-ji kara desu.　Yo-ji han made desu.

- 3 じから　4 じはんまでです。
  San-ji kara　yo-ji han made desu.

(1) 9:00 ～

(2) ～ 3:00

(3) 7:00 ～ 11:00

(4) 2:30 ～

(5) ～ 4:30

(6) 1:00 ～ 6:30

2 Find the opening/closing time in the fliers.

A 🔊 03-7

Q: なんじからですか。
　Nan-ji kara desu ka.

A: ① _____

Q: なんじまでですか。
　Nan-ji made desu ka.

A: ② _____

B 🔊 03-8

Q: なんじからですか。
　Nan-ji kara desu ka.

A: ③ _____

Q: なんじまでですか。
　Nan-ji made desu ka.

A: ④ _____

Words for Tasks 4-5 and Final Task 🔊 03-9

Ex. (a) しごと
shigoto

(1) ( ) かいぎ
kaigi

(2) ( ) パーティー
pātī

(3) ( ) デート
dēto

(4) ( ) ひるやすみ
hiru-yasumi

(5) ( ) あさごはん
asa-gohan

(6) ( ) ひるごはん
hiru-gohan

(7) ( ) ばんごはん
ban-gohan

(8) ( ) にほんごの クラス
Nihon-go no kurasu

(9) ( ) せんたく
sentaku

(10) ( ) そうじ
sōji

(11) ( ) かいもの
kaimono

a. Work

b.

c. Party

d.

e. Meeting

f.

g.

h. あ い Japanese class

i.

j.

k. ¥800

l.

スケジュール (Schedule)

1 **Say the schedules.** (Scripts: p. 153)

Ex. にほんごの クラスは 7じはんから 8じはんまでです。
Nihon-go no kurasu wa shichi-ji han kara hachi-ji han made desu.

A 🔊 03-10

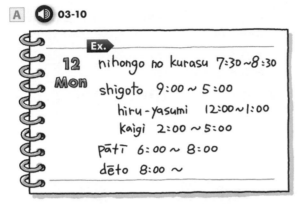

12 Mon
nihongo no kurasu 7:30 ~ 8:30
shigoto 9:00 ~ 5:00
  hiru-yasumi 12:00 ~ 1:00
  kaigi 2:00 ~ 5:00
pātī 6:00 ~ 8:00
dēto 8:00 ~

B 🔊 03-11

asa-gohan 7:00 ~ 8:00
sentaku 9:00 ~ 10:00
sōji 11:00 ~ 12:00
hiru-gohan 12:30 ~ 1:30
kaimono 4:00 ~ 5:00
ban-gohan 6:30 ~ 7:30

2 Shadowing **Say the conversation aloud with the CD.** 🔊 03-12

Pen-san asks his friend Mr. Mole about his working hours and cheers him up.

Pen: しごとは なんじからですか。
Shigoto wa nan-ji kara desu ka.

Mole: ごご 8じからです。
Gogo hachi-ji kara desu.

Pen: なんじまでですか。
Nan-ji made desu ka.

Mole: ごぜん 5じまでです。
Gozen go-ji made desu.

Pen: たいへんですね。 がんばってください。
Taihen desu ne. Ganbatte kudasai.

Mole: はい。 がんばります。
Hai. Ganbarimasu.

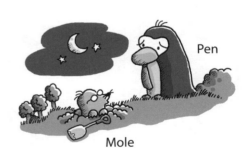

3 **Ask your friend's working hours and cheer him/her up.**

Task 5　10じからですね? *Jū-ji kara desu ne?* (From 10:00, right?)

Pair Work　Ask each other's schedule and fill in the blanks.　(Sheet B: p. 37)

📄 **Sheet A**

■ **Partner's schedule**

Ex. かいぎ
kaigi　　　　　　　　　7:00 a.m. 〜

(1) にほんごの　クラス
Nihon-go no　kurasu　　　　　　　〜

(2) しごと
shigoto　　　　　　　　　　　　　〜

(3) パーティー
pātī　　　　　　　　〜 ☐

■ **Your schedule**

- せんたく　*sentaku*　　　8:00 a.m. 〜
- そうじ　*sōji*　　　　　9:30 a.m. 〜
- デート　*dēto*　　　　　〜 11:00 p.m.

Ex. 🔊 03-13

A: すみません。　かいぎは　なんじからですか。
Sumimasen.　Kaigi wa　nan-ji kara desu ka.

B: 7じからです。
Shichi-ji kara desu.

A: ごぜんですか。　ごごですか。
Gozen desu ka.　Gogo desu ka.

B: ごぜんです。
Gozen desu.

A: ごぜん　7じからですね?
Gozen　shichi-ji kara desu ne?

B: はい、そうです。
Hai,　sō desu.

1 **Numbers and Times**

Listen and repeat. Then, match the numbers with their readings.

A 🔊 03-14

| Ex. | 10 (a) |

① 20 ( )

② 30 ( )

③ 40 ( )

④ 50 ( )

⑤ 15 ( )

⑥ 25 ( )

⑦ 35 ( )

⑧ 45 ( )

⑨ 55 ( )

a. *jū*
b. *sanjū*
c. *gojū*
d. *nijū*
e. *yonjū*
f. *nijūgo*
g. *jūgo*
h. *gojūgo*
i. *yonjūgo*
j. *sanjūgo*

B 🔊 03-15

| Ex. | 4:10 (c) |

① 4:20 ( )

② 4:30 ( )

③ 4:40 ( )

④ 4:50 ( )

⑤ 9:05 ( )

⑥ 9:15 ( )

⑦ 9:25 ( )

⑧ 9:35 ( )

⑨ 9:45 ( )

⑩ 9:55 ( )

a. *yo-ji nijuppun*
b. *yo-ji gojuppun*
c. *yo-ji juppun*
d. *yo-ji yonjuppun*
e. *yo-ji sanjuppun / yo-ji han*
f. *ku-ji gojūgo-fun*
g. *ku-ji jūgo-fun*
h. *ku-ji sanjūgo-fun*
i. *ku-ji nijūgo-fun*
j. *ku-ji yonjūgo-fun*
k. *ku-ji go-fun*

2 Pick out the time in the passages.

A たなかさんの　スケジュール　*Tanaka-san no sukejūru* 🔊 **03-16**

しごとは　① _____ からです。　② _____ までです。
Shigoto wa   *kara desu.*   *made desu.*

ひるやすみは　③ _____ から　④ _____ までです。
Hiru-yasumi wa   *kara*   *made desu.*

かいぎは　⑤ _____ からです。　ばんごはんは　⑥ _____ からです。
Kaigi wa   *kara desu.*   *Ban-gohan wa*   *kara desu.*

B タンさんの　スケジュール　*Tan-san no sukejūru* 🔊 **03-17**

あさごはんは　① _____ からです。　かいものは　② _____ からです。
Asa-gohan wa   *kara desu.*   *Kaimono wa*   *kara desu.*

にほんごの　クラスは　③ _____ から　④ _____ までです。
Nihon-go no　kurasu wa   *kara*   *made desu.*

3 Make your daily schedule and tell it to the class.

■ Hints

・しごと 　*shigoto*	・かいぎ 　*kaigi*	・かいもの 　*kaimono*	・ひるやすみ 　*hiru-yasumi*
・あさごはん 　*asa-gohan*	・ばんごはん 　*ban-gohan*	・にほんごの　クラス 　*Nihon-go no　kurasu*	

My Daily Schedule

	：　～　：
	：　～　：
	：　～　：
	：　～　：
	：　～　：
	：　～　：
	：　～　：

1. *Wa*

Wa indicates what you are talking about.

Tanaka-san wa	*Nihon-jin desu.*	Tanaka-san is Japanese.
Kore wa	*kaban desu.*	This is a bag.
Kyō wa	*getsu-yōbi desu.*	lit., As for today, it is Monday.
Hiru-yasumi wa	*jūni-ji kara desu.*	lit., As for the lunch time, it is from 12:00.
Sūpā wa	*jūichi-ji made desu.*	lit., As for the supermarket, it is until 11:00.
Kaigi wa	*jūni-ji kara desu ka.*	lit., As for the meeting, is it from 12:00?

2. *Kara* and *made*

Kara and *made* indicate the time something starts and ends, respectively.

	jū-ji kara	from 10:00
	jūichi-ji made	until 11:00
	nan-ji kara	from what time
san-ji kara	*go-ji* made	from 3:00 to 5:00
nan-ji kara	*nan-ji* made	from what time to what time

Kara and *made* can also be used to describe where something starts and ends (See Unit 5).

3. *Ne*

If you want to confirm something just said, end your sentences with *ne* with rising intonation.

Jū-ji kara desu ne?	From 10:00, right?
Jūichi-ji made desu ne?	Until 11:00, right?
Gogo jū-ji kara desu ne?	From 10:00 p.m., right?
Gozen jūichi-ji made desu ne?	Until 11:00 a.m., right?

4. Replying to yes/no questions

When replying to yes/no questions, you can say "*Sō desu*" if the answer is "Yes," and "*Chigaimasu*" if it is "No."

Q: *Kaigi wa shichi-ji kara desu ka.*	**Q**: Does the meeting start at 7:00?
A1: *Sō desu.*	**A1**: That's right.
A2: *Chigaimasu.*	**A2**: That's not right.

Vocabulary

Nouns

T1	いち	*ichi*	one
	に	*ni*	two
	さん	*san*	three
	よん／し	*yon / shi*	four
	ご	*go*	five
	ろく	*roku*	six
	なな／しち	*nana / shichi*	seven
	はち	*hachi*	eight
	きゅう／く	*kyū / ku*	nine
	じゅう	*jū*	ten
	じゅういち	*jūichi*	eleven
	じゅうに	*jūni*	twelve

* Numbers → See Glossary 2.

T2	〜じ	*-ji*	~ o'clock
	1 じ	*ichi-ji*	1 o'clock
	〜じはん	*-ji han*	half past ~
	1 じはん	*ichi-ji han*	half past one

* Time → See Glossary 4.

	いま	*ima*	now

W	かいぎ	*kaigi*	(business) meeting
	パーティー	*pātī*	party
	デート	*dēto*	date
	ひるやすみ	*hiru-yasumi*	lunch time
	あさごはん	*asa-gohan*	breakfast
	ひるごはん	*hiru-gohan*	lunch
	ばんごはん	*ban-gohan*	dinner
	クラス	*kurasu*	class
	せんたく	*sentaku*	laundry
	そうじ	*sōji*	cleaning (house / room)
	かいもの	*kaimono*	shopping
T4	ごぜん	*gozen*	a.m.; morning
	ごご	*gogo*	p.m.; afternoon
FT	〜ふん／ぷん	*-fun / pun*	[*minute*]
	9 じ 5 ふん	*ku-ji go-fun*	9:05
	4 じ 10 ぷん	*yo-ji juppun*	4:10
	スケジュール	*sukejūru*	schedule; plan

Interrogative

T2	なんじ	*nan-ji*	what time

Expressions

T1	そうです。	*Sō desu.*	That's right.
	ちがいます。	*Chigaimasu.*	That's not right. (lit., It is different.)
T4	たいへんですね。	*Taihen desu ne.*	That must be tough.
	がんばってください。	*Ganbatte kudasai.*	Please cheer up.; Hang in there.; Good luck.
	がんばります。	*Ganbarimasu.*	I will do my best.

Task 2

Pair Work (Sheet A: p. 27)

Ex. 🔊 03-5

1:00

Q: すみません。 いま なんじですか。 (Excuse me. What time is it now?)
Sumimasen. Ima nan-ji desu ka.

A: 1じです。 (It is one o'clock.)
Ichi-ji desu.

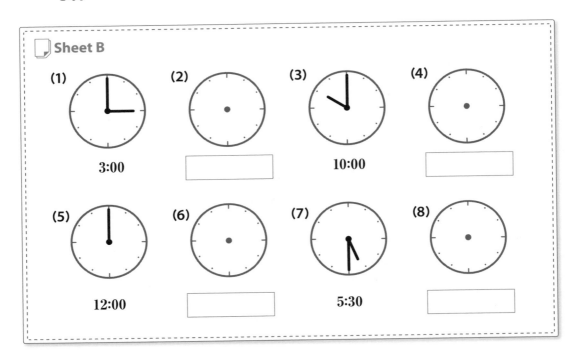

📄 **Sheet B**

(1)
3:00

(2)
[ ]

(3)
10:00

(4)
[ ]

(5)
12:00

(6)
[ ]

(7)
5:30

(8)
[ ]

Task 5

■ **Pair Work** (Sheet A: p. 31)

📄 **Sheet B**

■ **Partner's schedule**

Ex. ▶ かいぎ
kaigi　　　　　| 7:00 a.m. | ～

(1) せんたく
sentaku　　　　| | ～

(2) そうじ
sōji　　　　　| | ～

(3) デート
dēto　　　　　～ | |

■ **Your schedule**

- にほんごの　クラス　*Nihon-go no kurasu*　　8:30 a.m. ～
- しごと　*shigoto*　　　　　　　　　　　　　3:00 p.m. ～
- パーティー　*pātī*　　　　　　　　　　　　～ 10:00 p.m.

Ex. ▶ 🔊 03-13

A: すみません。　かいぎは　なんじからですか。
Sumimasen.　Kaigi wa　nan-ji kara desu ka.

B: 7じからです。
Shichi-ji kara desu.

A: ごぜんですか。　ごごですか。
Gozen desu ka.　Gogo desu ka.

B: ごぜんです。
Gozen desu.

A: ごぜん　7じからですね？
Gozen　shichi-ji kara desu ne?

B: はい、そうです。
Hai,　sō desu.

Unit 4
かいもの

Kaimono (Shopping strategies)

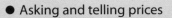

- Asking and telling prices
- Useful expressions for shopping

Key Sentences 🔊 04-1

1 **Q:** *(Nekutai wa) ikura desu ka.*
   A: *Sanzen-en desu.*

   Q: How much (is the necktie)?
   A: (It is) 3,000 yen.

2 **Q:** *Kamera wa arimasu ka.*
   A1: *Hai, arimasu.*
   A2: *Sumimasen, arimasen.*

   Q: Do you have cameras?
   A1: Yes, we do. (lit., Yes, we have.)
   A2: I am sorry, we do not (lit., we do not have).

3 · *(Kore o) kudasai.*

   · I'll take this. (lit., Give me this, please.)

4 **Q:** *Kamera wa doko desu ka.*
   A: *Ni-kai desu.*

   Q: Where are the cameras?
   A: On the second floor.

Ex. (a) ネクタイ
nekutai

(1) (　) シャツ
shatsu

(2) (　) ズボン
zubon

(3) (　) スカート
sukāto

(4) (　) にく
niku

(5) (　) みず
mizu

(6) (　) さかな
sakana

(7) (　) ワイン
wain

(8) (　) じてんしゃ
jitensha

(9) (　) カメラ
kamera

(10) (　) パソコン
pasokon

(11) (　) テレビ
terebi

a.

b.

c.

d.

e.

f.

g.

h.

i.

j.

k.

l.

Task 1 ▶ いくらですか *Ikura desu ka* (How much is this?)

1 **Numbers**

Listen and repeat. Then match the numbers with their readings.

A 🔊 04-3

Ex.	1,000	(c)	
①	2,000	( )	
②	3,000	( )	
③	4,000	( )	
④	5,000	( )	
⑤	6,000	( )	
⑥	7,000	( )	
⑦	8,000	( )	
⑧	9,000	( )	
⑨	10,000	( )	

a. *gosen*
b. *rokusen*
c. *sen*
d. *yonsen*
e. *hassen*
f. *nisen*
g. *nanasen*
h. *kyūsen*
i. *sanzen*
j. *ichiman*

B 🔊 04-4

①	100	( )	
②	200	( )	
③	300	( )	
④	400	( )	
⑤	500	( )	
⑥	600	( )	
⑦	700	( )	
⑧	800	( )	
⑨	900	( )	

a. *yonhyaku*
b. *hyaku*
c. *sanbyaku*
d. *nanahyaku*
e. *gohyaku*
f. *roppyaku*
g. *happyaku*
h. *nihyaku*
i. *kyūhyaku*

2 **Choose what you hear.** 🔊 **04-5** (Scripts: p. 153)

Ex. Q: いくらですか。 A: １まんえんです。 → (a)
Ikura desu ka. *Ichiman-en desu.*

(1) ( ) (2) ( ) (3) ( ) (4) ( )

(5) ( ) (6) ( ) (7) ( ) (8) ( )

a.  b. c.

d. e. f. g. h. i.

3 Pair Work Ask your partner how much. (Sheet B: p. 48)

Ex. 🔊 **04-6**

A: ネクタイは いくらですか。 B: 2,000えんです。
Nekutai wa ikura desu ka. *Nisen-en desu.*

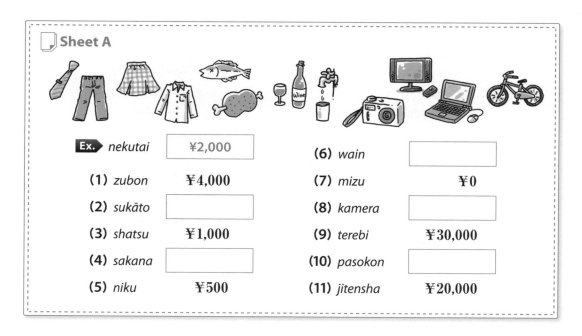

📄 **Sheet A**

Ex. nekutai	¥2,000
(1) zubon	¥4,000
(2) sukāto	
(3) shatsu	¥1,000
(4) sakana	
(5) niku	¥500

(6) wain	
(7) mizu	¥0
(8) kamera	
(9) terebi	¥30,000
(10) pasokon	
(11) jitensha	¥20,000

Task 2 カメラは ありますか *Kamera wa arimasu ka* (Do you have cameras?)

Phrases for the Task

ありますか
arimasu ka

あります
arimasu

ありません
arimasen

■ **Card game: Ask your partner if he/she has the following items.**

(Use the picture cards from Task 1.)

Ex.1 🔊 04-7

A: ネクタイは ありますか。
Nekutai wa   arimasu ka.

B: はい、あります。
Hai,   arimasu.

A: ください。 (Give it to me, please.)
Kudasai.

B: はい、どうぞ。 (Here you are.)
Hai,   dōzo.

Ex.2 🔊 04-8

A: ネクタイは ありますか。
Nekutai wa   arimasu ka.

B: いいえ、ありません。
Iie,   arimasen.

A: わかりました。 (I see.)
Wakarimashita.

Words and Phrases for the Task 04-9

- カメラは ありますか。
  Kamera wa arimasu ka.
  (Do you have cameras?)

- （これは）いくらですか。
  (Kore wa) ikura desu ka.
  (How much is this?)

- カメラは どこですか。
  Kamera wa doko desu ka.
  (Where are cameras?)

- （これを）ください。
  (Kore o) kudasai.
  (This one, please.)

- よんかい (fourth floor)
  yon-kai

- さんがい (third floor)
  san-gai

- にかい (second floor)
  ni-kai

- いっかい (first floor)
  ikkai

- ちかいっかい (first basement level)
  chika ikkai

1 You are going to a department store. Choose two things to buy from the items of Words for This Unit.

2 Tryout You are at the department store.

A At the information desk.

B **At the camera section.**

3 Review **Complete the conversations.**

A **At the information desk.**

1 **Info:** いらっしゃいませ。 (Welcome.)
Irasshaimase.

You: すみません、① _____
Sumimasen, (Do you have cameras?)

2 **Info:** はい。◆○▲×□▼。
Hai.

You: ② _____
(Where are they?)

3 **Info:** 3 がい ●□▼。 ◆○●□×◆○▲□▼。
San-gai

You: ③ _____
(They are on the third floor, right?)

Info: はい。3 がい ●□×◆○●□×◆○▲□▼。
Hai. San-gai

B **At the camera section.**

1 **Clerk:** いらっしゃいませ。◆○▲×●□▼。
Irasshaimase.

You: すみません、④ _____
Sumimasen, (How much is this?)

Clerk: 3,500えん ●□×◆○▲。
Sanzen gohyaku-en

2 **You:** ⑤ _____
(This one, please.)

Clerk: ありがとうございます。
Arigatō gozaimasu.

4 CD Simulation **Have conversations with the CD.** 🔊 Ⓐ **04-10** Ⓑ **04-11**

(Say your answers after the beeps.)

You are going to buy a present for one of your family members.

1 Choose the best present for her/him from the fliers. Cut and paste it in the shopping memo below and write its price.

Shopping Memo

¥ _____

Teacher

Dore desu ka.
Ikura desu ka.

You

■ **Use these expressions if necessary.**

- はさみを ください。 (Scissors, please.)
  Hasami o kudasai.

- のりを ください。 (Glue, please.)
  Nori o kudasai.

2 Go to a department store and buy the present.

Grammar

1. ~ *wa arimasu ka* (do you have ~?)

Q: *Kamera wa arimasu ka.*	Do you have cameras?
A1: *Hai, arimasu.*	Yes, we do.
A2: *Iie, arimasen.*	No, we don't.

2. Useful phrases for shopping

~ *wa doko desu ka* (where is ~?)

Q: *Kamera wa doko desu ka.*	Where are the cameras?
A: *Ni-kai desu.*	They are on the second floor.

ikura desu ka (how much ~?)

Q: *(Kore wa) ikura desu ka.*	How much is this?
A: *Sen-en desu.*	It is one thousand yen.

~ *o kudasai* (I'll take ~.)

(Kore o) kudasai.	I'll take this. (lit., Give me this , please.)

Vocabulary

Verb

T2 あります	*arimasu*	have; there is

Nouns

W ネクタイ	*nekutai*	tie
シャツ	*shatsu*	shirt
ズボン	*zubon*	pants; trousers
スカート	*sukāto*	skirt
にく	*niku*	meat
みず	*mizu*	water
さかな	*sakana*	fish
ワイン	*wain*	wine
カメラ	*kamera*	camera
テレビ	*terebi*	television
T1 ひゃく	*hyaku*	hundred
せん	*sen*	thousand
まん	*man*	ten thousand
ゼロ	*zero*	zero
～えん	*-en*	~ yen
100えん	*hyaku-en*	100 yen
		* Currency → See Glossary 3.
T3 ～かい／がい	*-kai / gai*	-th floor
2かい	*ni-kai*	2nd floor
3がい	*san-gai*	3rd floor
ちか1かい	*chika ikkai*	first basement level

Interrogatives

T1 いくら	*ikura*	how much
T3 どこ	*doko*	where

Expressions

T2 （～を）ください。	*(~ o) kudasai.*	Please give me ~.
どうぞ。	*Dōzo.*	Here you are.
わかりました。	*Wakarimashita.*	I see. (lit., I understood.)
T3 いらっしゃいませ。	*Irasshaimase.*	Welcome. (at a shop/restaurant, etc.)

Task 1

3 **Pair Work** (Sheet A: p. 42)

Ex. 🔊 04-6

A: ネクタイは　いくらですか。　　**B:** 2,000えんです。
Nekutai wa　ikura desu ka.　　　　*Nisen-en desu.*

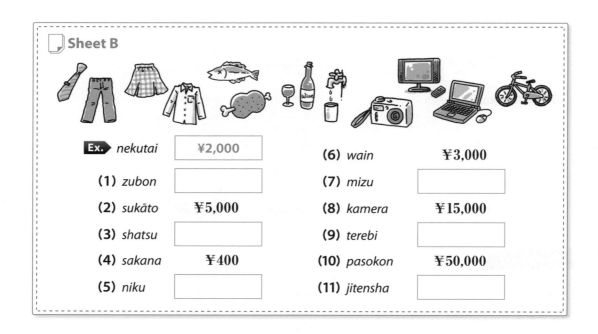

Sheet B

Ex. nekutai	¥2,000	**(6)** wain	¥3,000
(1) zubon		**(7)** mizu	
(2) sukāto	¥5,000	**(8)** kamera	¥15,000
(3) shatsu		**(9)** terebi	
(4) sakana	¥400	**(10)** pasokon	¥50,000
(5) niku		**(11)** jitensha	

Unit 5
おきなわに いきます

Okinawa ni ikimasu (I am going to Okinawa)

- Talking about motion (going to the office, going home, etc.)
- Looking at brochures and making a travel plan

Okinawa ni
iki-tai desu.

→ **Strategies:** 6. Riding a Train
　　　　　　　　 7. Riding a Bus
→ **Glossary:** 7. Periods of Time

Key Sentences 🔊 05-1

1
- *Pen-san wa ashita kaisha ni ikimasu.*
- *Pen-san wa kinō tomodachi no uchi ni ikimashita.*

- Pen-san is going to the company tomorrow.
- Pen-san went to his friend's house yesterday.

2
Q: *Doko ni ikimasu ka.*
A: *Okinawa ni ikimasu.*

Q: Where are you going?
A: I am going to Okinawa.

3
Q: *Dare to ikimasu ka.*
A: *Tomodachi to ikimasu.*

Q: With whom are you going?
A: I am going with friends.

4
Q: *Nan de ikimasu ka.*
A: *Hikōki de ikimasu.*

Q: How are you going?
A: I am going by airplane.

5
Q: *Doko ni iki-tai desu ka.*
A: *Okinawa ni iki-tai desu.*

Q: Where do you want to go?
A: I want to go to Okinawa.

6
Q: *Koko kara donogurai desu ka.*
A: *2-jikan gurai desu.*

Q: How long does it take from here?
A: It takes about two hours.

Ex. (a) うち
uchi

(1) ( ) かいしゃ
kaisha

(2) ( ) えき
eki

(3) ( ) ぎんこう
ginkō

(4) ( ) ゆうびんきょく
yūbinkyoku

(5) ( ) スーパー
sūpā

(6) ( ) がっこう
gakkō

(7) ( ) デパート
depāto

(8) ( ) びょういん
byōin

(9) ( ) レストラン
resutoran

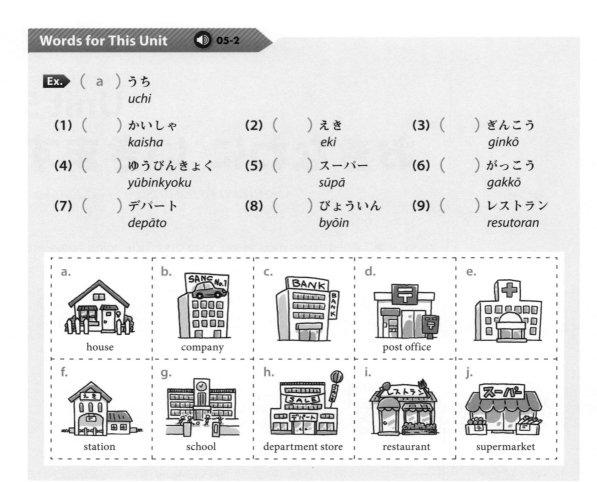

a. house
b. company
c. BANK
d. post office
e.

f. station
g. school
h. department store
i. restaurant
j. supermarket

Task 1　ここ・そこ・あそこ　*Koko/Soko/Asoko* (Here / There / Over there)

▮ **Fill in the blanks with *koko, soko* and *asoko*.**

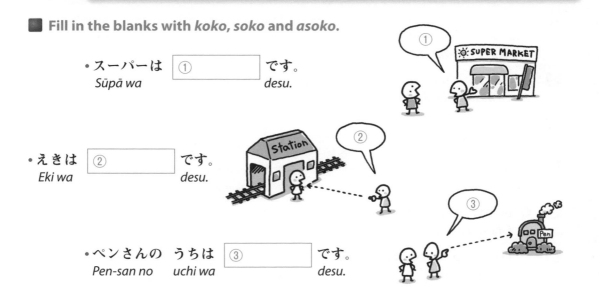

・スーパーは ① です。
Sūpā wa desu.

・えきは ② です。
Eki wa desu.

・ペンさんの うちは ③ です。
Pen-san no uchi wa desu.

Task 2 スーパーに いきます *Sūpā ni ikimasu* (I am going to a supermarket)

Words for the Task 🔊 05-3

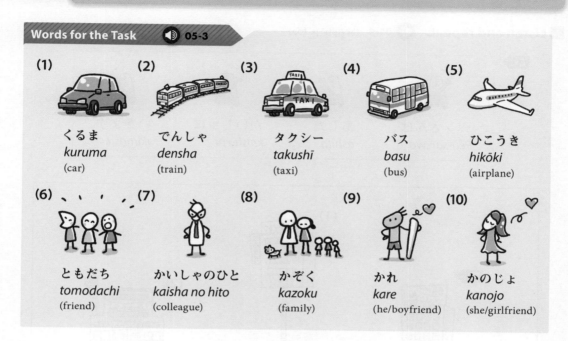

(1) くるま *kuruma* (car)

(2) でんしゃ *densha* (train)

(3) タクシー *takushī* (taxi)

(4) バス *basu* (bus)

(5) ひこうき *hikōki* (airplane)

(6) ともだち *tomodachi* (friend)

(7) かいしゃのひと *kaisha no hito* (colleague)

(8) かぞく *kazoku* (family)

(9) かれ *kare* (he/boyfriend)

(10) かのじょ *kanojo* (she/girlfriend)

---

1 Tryout | Do what the teacher says.

Sūpā ni itte kudasai.*

Teacher

You

**itte kudasai:* please go

2 Review | Answer the teacher's questions.

(1) どこに いきましたか。 (Where did you go?) → ⬜ に いきました。
    Doko ni ikimashita ka.   *ni ikimashita.*

(2) なんで いきましたか。 (How did you go?) → ⬜ で いきました。
    Nan de ikimashita ka.   *de ikimashita.*

(3) だれと いきましたか。 (With whom?) → ⬜ と いきました。
    Dare to ikimashita ka.   *to ikimashita.*

■ **Listen and repeat.** 🔊 **05-4** (Scripts: p. 153)

Ex.

ペンさんは
Pen-san wa

あした
ashita

かいしゃに
kaisha ni

いきます。
ikimasu.

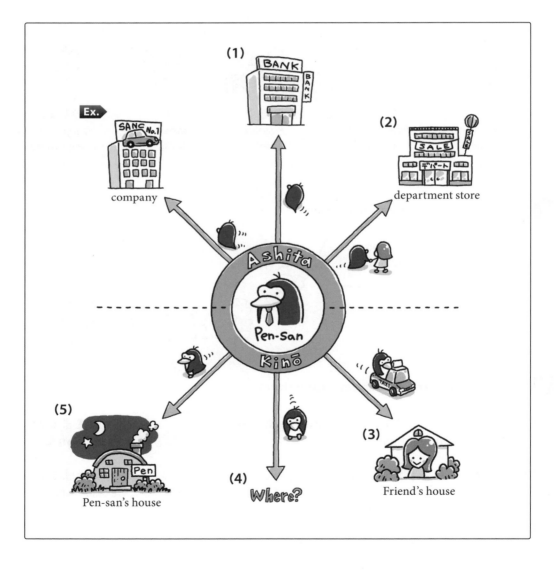

(1) BANK

(2) department store

Ex. company

Pen-San
Ashita
Kinō

(3) Friend's house

(4) Where?

(5) Pen-san's house

Task 4 どこに いきたいですか *Doko ni iki-tai desu ka* (Where do you want to go?)

Words and Phrases for the Task 🔊 05-5

- どこに いきたいですか。
  Doko ni iki-tai desu ka.
  (Where do you want to go?)

- [おきなわ]に いきたいです。
  [Okinawa] ni iki-tai desu.
  (I want to go to [Okinawa].)

- なんで いきますか。
  Nan de ikimasu ka.
  (How will you get there?)

- ここから どのぐらいですか。
  Koko kara donogurai desu ka.
  (How long does it take from here?)

- 1 じかん
  1-jikan
  (one hour)

- 2 じかん
  2-jikan
  (two hours)

- 1 じかんはん
  1-jikan han
  (one hour and a half)

1 You are making a plan for travel in Japan.

(1) Choose where to go from the brochures.

(2) Ask your teacher . . .

- where it is on the map

- how to get there

- how long it takes

2 Ask your partner where he/she wants to go.

1 **Listen to the CD and answer the questions.** (Scripts: p. 154)

A ペンさん *Pen-san* 🔊 05-6

⟨*Natsu-yasumi*⟩

(1) ペンさんは どこに いきますか。
Pen-san wa   doko ni   ikimasu ka.

(2) いつ いきますか。
Itsu   ikimasu ka.

(3) だれと いきますか。
Dare to   ikimasu ka.

(4) なんで いきますか。
Nan de   ikimasu ka.

(5) うちから どのぐらいですか。
Uchi kara   donogurai desu ka.

B たなかさん *Tanaka-san* 🔊 05-7

⟨*Gōruden-wīku*⟩

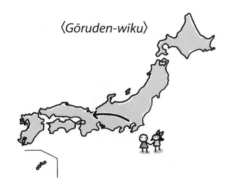

(1) たなかさんは どこに いきますか。
Tanaka-san wa   doko ni   ikimasu ka.

(2) いつ いきますか。
Itsu   ikimasu ka.

(3) だれと いきますか。
Dare to   ikimasu ka.

(4) なんで いきますか。
Nan de   ikimasu ka.

(5) うちから どのぐらいですか。
Uchi kara   donogurai desu ka.

2 **Tell the class about your travel plan.**

わたしは ＿＿＿＿＿＿＿＿＿＿ に ＿＿＿＿＿＿＿＿＿＿ に いきます。
Watashi wa   *ni*   *ni   ikimasu.*

＿＿＿＿＿＿＿＿＿＿ と いきます。 ＿＿＿＿＿＿＿＿＿＿ で いきます。
           to   ikimasu.   *de   ikimasu.*

うちから＿＿＿＿＿＿＿＿＿＿ ぐらいです。
Uchi kara   *gurai desu.*

Sentence Patterns (1) —Movement Verbs—

▶ **Make your own sentences.**

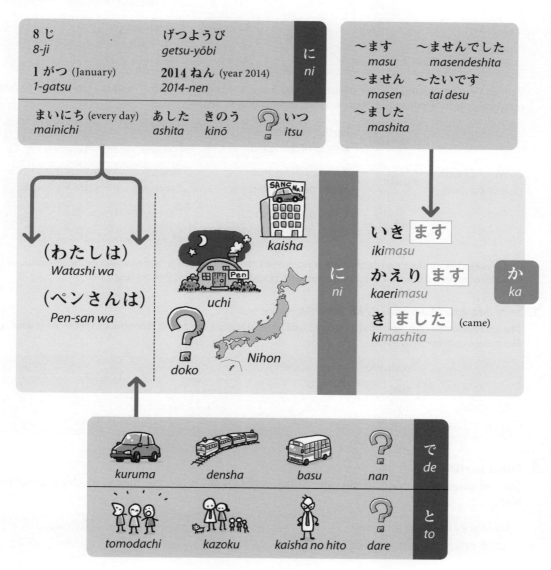

▶ **Translate the following into Japanese.**

(1) I went to a supermarket yesterday.

(2) Pen-san goes to the office by bus.

(3) Where do you want to go this Sunday?

(4) I came to Japan in 2012.

(5) Pen-san returns home every day.

1. Verb tense

	affirmative		negative	
every day	*iki*masu	(go)	*iki*masen	(do not go)
tomorrow	*iki*masu	(will go/be going to go)	*iki*masen	(will not go/not be going to go)
yesterday	*iki*mashita	(went)	*iki*masendeshita	(did not go)

Verb endings *-masu* and *-masen* are used for both the "every day (*mainichi*)" and the "tomorrow (*ashita*)" sentences, while *-mashita* and *-masendeshita* express past events.

(Watashi wa) (Pen-san wa)	**mainichi**	*kaisha ni iki*masu. *kaisha ni iki*masen.	I go to the office every day. I do not go to the office every day.
	ashita	*Kyōto ni iki*masu. *Kyōto ni iki*masen.	I am going to Kyoto tomorrow. I am not going to Kyoto tomorrow.
	kinō	*Kyōto ni iki*mashita. *Kyōto ni iki*masendeshita.	I went to Kyoto yesterday. I did not go to Kyoto yesterday.

Please note that unlike English, the verb form doesn't change according to the subject of the sentence, so the same form is used for both I (first person singular) and Pen-san (third person singular).

2. ~ *ni ikimasu / kaerimasu / kimasu* (Movement verbs)

The verbs *ikimasu* (go), *kaerimasu* (return) and *kimasu* (come) are called "movement verbs." *Ni* is used as a destination marker with them.

	Destination	Movement Verb	
(Watashi wa)	*Nihon* ni	*kimashita.*	I came to Japan.
	Kyōto ni	*ikimasu.*	I go/am going to Kyoto.
	uchi ni	*kaerimasu.*	I return/am going to return home.

3. Other particles

Another usage of *ni* is to mark time expressions and indicates a point of time at which an action takes place.

Nichi-yōbi ni *sūpā ni ikimasu.*	I am going to the supermarket on Sunday.
2008-nen ni *Nihon ni kimashita.*	I came to Japan in 2008.

There are two groups of time expressions in Japanese: one is specific times, which requires *ni*, while the other is general times, which do not require *ni*.

Specific times	*2008-nen* ni	*kimashita.*	I came (here) in 2008.
	1-gatsu ni	*kimashita.*	I came (here) in January.
	Getsu-yōbi ni	*kimashita.*	I came (here) on Monday.
	12-ji ni	*kimashita.*	I came (here) at 12 o'clock.
General times	*Kyonen*	*kimashita.*	I came (here) last year.
	Sengetsu	*kimashita.*	I came (here) last month.
	Senshū	*kimashita.*	I came (here) last week.
	Kinō	*kimashita.*	I came (here) yesterday.

To indicates a person who does something with someone.

tomodachi *to* ikimasu	go with a friend
kazoku *to* ikimasu	go with my family
Pen-san *to* kaerimasu	return with Pen-san

De indicates means by which something is done.

basu *de* ikimasu	go by bus
densha *de* kaerimasu	return by train

4. Useful phrases when making travel plans

～ *ni iki-tai* (want to go to ~)

Q: **Doko** *ni iki-tai* desu ka.	Q: Where do you want to go?
A: **Kyōto** *ni iki-tai* desu.	A: I want to go to Kyoto.

～ *kara donogurai* (how long does it take from ~)

Q: **Koko** *kara donogurai* desu ka.	Q: How long does it take from here?
A1: *1-jikan gurai desu.*	A1: It takes about one hour.
A2: *1-jikan han gurai desu.*	A2: It takes about one hour and a half.

Verbs

T2 いきます	*ikimasu*	go
かえります	*kaerimasu*	return; go home

Nouns

W うち	*uchi*	house; home
かいしゃ	*kaisha*	company
えき	*eki*	station
ぎんこう	*ginkō*	bank
ゆうびんきょく	*yūbinkyoku*	post office
スーパー	*sūpā*	supermarket
がっこう	*gakkō*	school
デパート	*depāto*	department store
びょういん	*byōin*	hospital
レストラン	*resutoran*	restaurant
T1 ここ	*koko*	here
そこ	*soko*	there
あそこ	*asoko*	over there
T2 くるま	*kuruma*	car
でんしゃ	*densha*	train
タクシー	*takushī*	taxi
バス	*basu*	bus
ひこうき	*hikōki*	airplane
ともだち	*tomodachi*	friend
かいしゃの ひと	*kaisha no hito*	colleague

かぞく	*kazoku*	family
かれ	*kare*	boyfriend; he
かのじょ	*kanojo*	girlfriend; she
T3 きのう	*kinō*	yesterday
T4 〜じかん	*-jikan*	~ hours
2じかん	*ni-jikan*	2 hours
〜じかんはん	*-jikan han*	~ hours and a half
2じかんはん	*ni-jikan han*	2 hours and a half
〜ぐらい	*~ gurai*	about ~
3じかんぐらい	*san-jikan gurai*	about 3 hours
FT なつやすみ	*natsu-yasumi*	summer break
ゴールデン ウィーク	*gōruden-wīku*	Golden Week holiday period (April 29–May 5)
おきなわ	*Okinawa*	[place name]
きょうと	*Kyōto*	[place name]
しんかんせん	*shinkansen*	bullet train

Interrogatives

T2 だれと	*dare to*	with whom
なんで	*nan de*	how; by what means
T4 どのぐらい	*donogurai*	how long

Expression

T4 （〜に）いきたいです。	*(~ ni) iki-tai desu.*	I want to go ~.

Unit 6
でんわ

Denwa (Using telephone strategies)

- Understanding the flow and strategies for telephone communication
- Simple direct questions for coping with various telephone situations
- Useful expressions when meeting someone

Moshi moshi.

......

Sumimasen . . . Wakarimasen.

? ?

→ **Strategies:** 8. Riding a Taxi
               (9. Train Trouble)
→ **Glossary:** 5. Time Expressions
             15. Companies

Key Sentences 🔊 06-1

1	*Moshi moshi, Pen desu.*	Hello, this is Pen calling.
	Mori-san onegai shimasu.	I would like to talk to Mori-san, please.
2	*Sumimasen,*	Excuse me,
	Mori-san wa imasu ka, imasen ka.	is Mori-san there or not? [*say politely*]
3	*Mata denwa o shimasu.*	I will call him/her again.
	Shitsurei shimasu.	Good-bye. [*polite*]
4	· *Itsu sochira ni . . . ?*	· When will he/she be there?
5	· *3-ji goro desu ne?*	· Around 3:00, right?
6	· *Sugu ikimasu.*	· I am coming/going right away.
	· *Koko de daijōbu desu ka.*	· Is here okay?
	· *10-pun okuremasu.*	· I will be 10 minutes late.
	· *Soko ni ite kudasai.*	· Please be/wait there.

しゃちょうは いますか *Shachō wa imasu ka* (Is the president there?)

Phrases for the Task

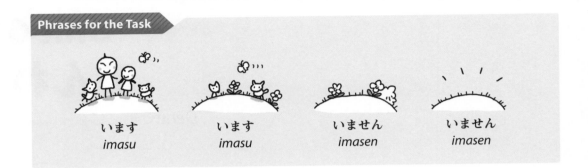

います	います	いません	いません
imasu	*imasu*	*imasen*	*imasen*

■ **Find the people (1)-(5) in the building.**

Ex. *shachō*

🔊 **06-2**

Q: しゃちょうは かいしゃに いますか。
Shachō wa kaisha ni imasu ka.

A: はい、います。
Hai, imasu.

Q: なんがいに いますか。／ なんがいですか。
Nan-gai ni imasu ka. Nan-gai desu ka.

A: 5 かいに います。／ 5 かいです。
Go-kai ni imasu. Go-kai desu.

(1) *hisho*   **(2)** *Okada-san*   **(3)** *Mori-san*

(4) *Yamada-san*   **(5)** *Pen-san*

Task 2 ▶ もりさん おねがいします *Mori-san onegai shimasu*
(I would like to talk to Mori-san, please)

Phrases for the Task 🔊 06-3

Ex. ▶ (a) もしもし、ペンです。
Moshi moshi, Pen desu.

(1) ( ) もりさん おねがいします。
Mori-san onegai shimasu.

(2) ( ) もりさんは いますか、いませんか。[*say politely*]
Mori-san wa imasu ka, imasen ka.

(3) ( ) また でんわを します。
Mata denwa o shimasu.

(4) ( ) しつれいします。
Shitsurei shimasu.

(5) ( ) しょうしょう おまちください。
Shōshō o-machi kudasai.

(6) ( ) でも
demo

a. Hello, this is Pen calling.
b. I would like to talk to Mori-san, please.
c. Good-bye. [*polite*]
d. I will call him/her again.
e. Hold on, please. [*polite*]
f. Is Mori-san there or not?
g. but

---

1 **Listen to Cases 1-3. Is Mori-san at the office?** (Scripts: p. 154)

🔊 (Case 1) **06-4** (Case 2) **06-5** (Case 3) **06-6**

• **Case 1** もりさんは かいしゃに （ いますか／ いません ）。
Mori-san wa kaisha ni imasu imasen

• **Case 2** もりさんは かいしゃに （ いますか／ いません ）。
Mori-san wa kaisha ni imasu imasen

• **Case 3** もりさんは かいしゃに （ いますか／ いません ）。
Mori-san wa kaisha ni imasu imasen

---

2 **Tryout** **You are calling Mori-san at her office.**

Imasu . . . ?

Teacher

You

3 Review Listen to Cases 1-3 again and fill in the blanks. (Scripts: p. 154)

(Case 1) **06-7**　(Case 2) **06-8**　(Case 3) **06-9**

• Cases 1-3

Staff: ◆○▲✕●□▼✕●□◆○▲✕。

Pen: ① ＿＿＿＿＿＿＿＿＿＿＿＿＿＿＿＿＿＿＿＿

② ＿＿＿＿＿＿＿＿＿＿＿＿＿＿＿＿＿＿＿＿

Staff: ●□▼✕◆○▲。○▲✕●□●□▼。

Pen: ③ ＿＿＿＿＿＿＿＿＿＿＿＿＿＿＿＿＿＿＿＿

Staff: ◆○▲○▲✕●。◆○▲✕●□▼。

Pen: ④ ＿＿＿＿＿＿＿＿＿＿＿＿＿＿＿＿＿＿＿＿＿

↓

• Case 1

Staff:	います。　しょうしょう　おまちください。 *Imasu.*　　*Shōshō*　　　*o-machi kudasai.*
Pen:	⑤ ＿＿＿＿＿＿＿＿＿＿＿＿＿＿＿＿

• Case 2

Staff:	います。　でも、✕◆○▲○▲✕。　●□◆○▲✕●□▼。 *Imasu.*　　*Demo,*
Pen:	⑥ ＿＿＿＿＿＿＿＿＿＿＿　⑦ ＿＿＿＿＿＿＿＿＿＿＿

• Case 3

Staff:	◆○✕◆○▲✕。　いません。　◆○▲✕●□▼○▲✕。 　　　　　　　　　　*Imasen.*
Pen:	⑧ ＿＿＿＿＿＿＿＿＿＿＿　⑨ ＿＿＿＿＿＿＿＿＿＿＿

4 CD Simulation Have a conversation with the CD. 🔊 **06-10** (Script: p. 154)

Task 3 いつ そちらに…? *Itsu sochira ni . . . ?* (When will he/she be there?)

Words for the Task 🔊 **06-11**

Ex. (a) today

(1) ( ) tomorrow (2) ( ) day after tomorrow

(3) ( ) this week (4) ( ) next week

(5) ( ) Sunday (6) ( ) Monday (7) ( ) Tuesday

(8) ( ) Wednesday (9) ( ) Thursday (10) ( ) Friday

(11) ( ) Saturday

(12) ( ) a.m.
(13) ( ) p.m.

1:00	4:00	7:00	10:00
2:00	5:00	8:00	11:00
3:00	6:00	9:00	12:00

〜ごろ
goro

a. きょう *kyō*	b. あさって *asatte*	c. あした *ashita*	d. げつようび *getsu-yōbi*
e. にちようび *nichi-yōbi*	f. すいようび *sui-yōbi*	g. きんようび *kin-yōbi*	h. かようび *ka-yōbi*
i. どようび *do-yōbi*	j. もくようび *moku-yōbi*	k. こんしゅう *konshū*	l. らいしゅう *raishū*
m. ごご *gogo*	n. ごぜん *gozen*		

1 **Listen to the CD. When will Mori-san be back?** (Scripts: p. 154)

🔊 (Ex.) **06-12** (1) **06-13** (2) **06-14**

Ex. day: _____*ashita*_____ time: _____*3-ji goro*_____

(1) day: _____ time: _____

(2) day: _____ time: _____

2 Tryout You are calling Mori-san at her office but she is out.

3 Review Listen to the conversation and fill in the blanks. 06-15

Pen: すみません、もりさんは いますか、いませんか。
Sumimasen,   Mori-san wa imasu ka,   imasen ka.

Staff: ◆○▲×○▲。 ×●□ いません。 ●□▼○◆○▲×▲×。
imasen.

Pen: じゃ、① _____ ?
Ja,

Staff: あした▲×●□◆× ◆○▲×○×●□▼。
Ashita

Pen: ② _____ ですね？ ③ _____ ですか。
desu ne?   *desu ka.*

Staff: ▼○◆○◆ 3 じごろ○▲×●□▼。
3-ji goro

Pen: ④ _____ ですね？ わかりました。
desu ne?   Wakarimashita.

また ⑤ _____ ⑥ _____
Mata

4 CD Simulation Have a conversation with the CD. 06-16 (Script: p. 155)

Task 4 でんわを ください *Denwa o kudasai* (Please call me)

1 Shadowing Say the answers aloud with the CD. 🔊 06-17

Q: でんわばんごうは なんばんですか。
Denwa-bangō wa   nan-ban desu ka.

(1) A1: 03-1212-3434 です。
desu.

(2) A2: 090-1234-5678 です。
desu.

(3) A3: 0822-22-7799 です。
desu.

2 Shadowing Say the conversations aloud with the CD.

1 **Pen-san is leaving a message for Mori-san.** 🔊 06-18

Pen: メッセージを おねがいします。 いいですか。
Messēji o   onegai shimasu.   Ii desu ka.

Staff: はい、どうぞ。
Hai,   dōzo.

Pen: ペンです。 でんわを ください。
Pen desu.   Denwa o   kudasai.

でんわばんごうは 03-1122-2233 です。
Denwa-bangō wa   desu.

Staff: 03-1122-2233 ですね？
desu ne?

Pen: はい、そうです。 よろしく おねがいします。 しつれいします。
Hai,   sō desu.   Yoroshiku   onegai shimasu.   Shitsurei shimasu.

Staff: しつれいします。
Shitsurei shimasu.

2 Leaving a message on an answering machine 🔊 06-19

Answering machine: ◆✕◆○▲○✕。 ●□◆○✕●□▼ おねがいします。*(Beep♪)*
　　　　　　　　　　　　　　　　　　　　　　　onegai shimasu.

Pen: ペンです。 でんわを ください。 でんわばんごうは 03-1122-2233 です。
　　Pen desu.　Denwa o　kudasai.　Denwa-bangō wa　　　　　　　　　desu.

　　おねがいします。 しつれいします。
　　Onegai shimasu.　Shitsurei shimasu.

3 Saying your name clearly on the phone (Ms. Shopenhauer's case) 🔊 06-20

Schopenhauer: ショウペンハウワです。
　　　　　　Shōpenhauwa desu.

Staff: すみません。 もういちど おなまえを おねがいします。
　　　Sumimasen.　Mō ichido　o-namae o　onegai shimasu.

Schopenhauer: ショウ・ペン・ハウ・ワ です。
　　　　　　Shō-pen-hau-wa　　　　　desu.

Staff: ショウペンハウワさんですね？
　　　Shōpenhauwa-san desu ne?

Schopenhauer: はい、そうです。
　　　　　　Hai,　sō desu.

Final Task 　**まちあわせ** *Machiawase* (Meeting up with someone)

Phrases for the Task 🔊 06-21

- おくれます。
  Okuremasu.
  (I will be late.)

- ここで だいじょうぶですか。
  Koko de daijōbu desu ka.
  (Is here okay? [Is it okay if I wait here?])

- ろっぽんぎえき 1ばんでぐち
  Roppongi-eki　1-ban deguchi
  (Exit No.1 of Roppongi Station)

- すぐ いきます。
  Sugu ikimasu.
  (I am coming right away.)

- そこに いてください。
  Soko ni　ite kudasai.
  (Please be/wait there.)

Scene 1

1 Tryout **Make a phone call to Mori-san.**

You have an appointment with Mori-san but are running late.

2 Review **Complete the conversation.**

Mori: はい、もりです。
Hai,   Mori desu.

Pen: ① _____
(Hello, this is Pen calling.)

Mori: あ、ペンさん。
A,   Pen-san.

Pen: ② _____
(I'm sorry. I will be 10 minutes late.)

Mori: わかりました。
Wakarimashita.

Pen: ③ _____
(I am coming right away. I'm really sorry.)

3 CD Simulation **Have a conversation with the CD.** 🔊 06-22

1 Tryout **Call up Mori-san again.**

You have arrived at the meeting place, but Mori-san is not there.

2 Review **Complete the conversation.**

Mori: はい、もりです。
Hai, Mori desu.

Pen: ① _____

(Hello, this is Pen calling.)

Mori: あ、ペンさん。
A, Pen-san.

Pen: ② _____

(I am at Exit No.1 of Roppongi Station.)

_____

(Is here okay? [Is it okay if I wait here?])

Mori: だいじょうぶです。 そこに いてください。 すぐ いきます。
Daijōbu desu. Soko ni ite kudasai. Sugu ikimasu.

Pen: ③ _____

(I understand.)

3 CD Simulation **Have a conversation with the CD.** 🔊 06-23

Telephone Phrases

▶ **This is a flowchart for telephone conversations. Fill in the blanks.**

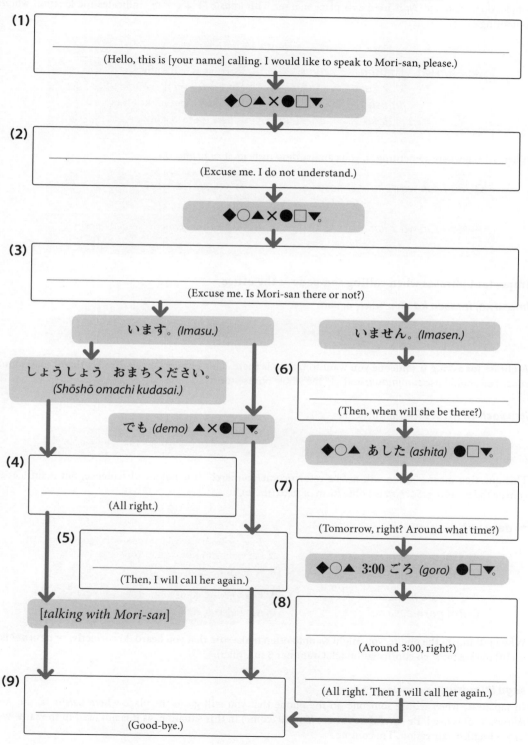

(1) _____

(Hello, this is [your name] calling. I would like to speak to Mori-san, please.)

◆○▲×●□▼。

(2) _____

(Excuse me. I do not understand.)

◆○▲×●□▼。

(3) _____

(Excuse me. Is Mori-san there or not?)

います。 *(Imasu.)*   いません。 *(Imasen.)*

しょうしょう　おまちください。
(Shōshō omachi kudasai.)

(6) _____

(Then, when will she be there?)

でも *(demo)* ▲×●□▼。

◆○▲ あした *(ashita)* ●□▼。

(4) _____

(All right.)

(7) _____

(Tomorrow, right? Around what time?)

(5) _____

(Then, I will call her again.)

◆○▲ 3:00 ごろ *(goro)* ●□▼。

[*talking with Mori-san*]

(8) _____

(Around 3:00, right?)

(All right. Then I will call her again.)

(9) _____

(Good-bye.)

1. ~ *ni imasu* (Existence verb)

The verb *imasu* is one of the existence verbs. ~ *ni imasu* expresses the existence of animate things like people, dogs, fish, etc. *Ni* is used as a place marker with *imasu.* "Place + *ni*" indicates the location where something exists.

	Place	Existence Verb	
Mori-san wa	*jimusho ni*	*imasu.*	Mori-san is in the office.
	2-kai ni	*imasu.*	Mori-san is on the second floor.
	jimusho ni	*imasen.*	Mori-san is not in the office.
	doko ni	*imasu ka.*	Where is Mori-san?

When asking where something is, you can use *desu* instead of ~ *ni imasu.*

Q: *Mori-san wa doko ni imasu ka.* / *desu ka.*	**Q**: Where is Mori-san?
A: *Mori-san wa 2-kai ni imasu.* / *desu.*	**A**: Mori-san is on the second floor.

2. Important phrases when calling someone at the office

imasu ka, imasen ka (is . . . there or not?)

Mori-san wa imasu ka, imasen ka.	Is Mori-san there or not?

A phrase for asking if someone you want to talk to is there. This phrase asks so directly that it may sound rude. You should use *sumimasen* and say the whole phrase softly.

itsu sochira ni . . . ? (when will he/she . . . ?)

Itsu sochira ni . . . ?	When will he/she (return, go, come, be, etc.) . . . ?

This question means "when will he/she return/come/go there?" It is not a full sentence, but it suffices to convey the meaning. *Sochira* is polite form of *soko* (there).

~ *desu ne?* (~, right?)

A: *Ashita Kyōto ni ikimasu.* **B**: ***Ashita*** *desu ne?*	**A**: I am going to Kyoto tomorrow. **B**: Tomorrow, right?
A: *3-ji goro ikimasu.* **B**: ***3-ji goro*** *desu ne?*	**A**: I am coming/going around 3:00. **B**: Around 3:00, right?

When talking on the phone, you might want to often make sure that you heard do correctly. ~ *desu ne?* is a useful phrase for such confirmation (cf. Grammar 3 in Unit 3).

sugu ikimasu (I'm coming right now)

In Japanese, when telling someone on the phone that you will go to the place where he/she is, the verb *ikimasu* (go) is used. Be careful not to use *kimasu* (come) in this situation, as it is not used in the same way as the English expression "I'm coming."

3. Various usages of *onegai shimasu*

Onegai shimasu (ask; order) has various usages. You have already learned several phrases that use it.

(1) Greetings

Yoroshiku onegai shimasu. (Unit 6)
This phrase is often used to thank people in advance for their help.

Dōzo yoroshiku onegai shimasu. (Unit 1)
Dōzo yoroshiku is used to greet someone new. It sounds more polite with *onegai shimasu*.

(2) Asking someone to do something

Yukkuri onegai shimasu. (Please speak slowly.) (Unit 2)
"*Yukkuri* (slowly) + *onegai shimasu*" is used to politely ask someone to do something slowly.

Mori-san, onegai shimasu. (I would like to talk to Mori-san, please.) (Unit 6)
This is used to ask a person answering the phone to put someone on the line. It is also used to have a receptionist summon someone when you visit a company or other organization.

Kōhī onegai shimasu. (Coffee, please.) (You will learn this phrase in Unit 7.)
This usage is for ordering food/drinks and making other requests at restaurants.

ex. *Kōhī onegai shimasu.* (Coffee, please.)
O-kaikei onegai shimasu. (Bill, please.)
Betsubetsude onegai shimasu. (We will pay separately.)

Verbs

T1	います	*imasu*	there is; stay
T2	でんわを します	*denwa o shimasu*	make a telephone call
FT	おくれます	*okuremasu*	delay; be late

Nouns

T1	しゃちょう	*shachō*	(company) president
	ひしょ	*hisho*	secretary
	おくじょう	*okujō*	rooftop
T3	あさって	*asatte*	day after tomorrow
	こんしゅう	*konshū*	this week
	らいしゅう	*raishū*	next week
	～ごろ	*~ goro*	around ~ [time]
	1 じごろ	*ichi-ji goro*	around 1 o'clock
		* Time expressions → See Glossary 5.	
	そちら	*sochira*	there [*polite form of soko*]
T4	でんわばんごう	*denwa-bangō*	telephone number

	メッセージ	*messēji*	message
	でんわ	*denwa*	telephone; call
FT	でぐち	*deguchi*	exit
	～ばん でぐち	*-ban deguchi*	Exit No. ~
	1 ばん でぐち	*ichi-ban deguchi*	Exit No. 1

Adverbs

T2	また	*mata*	again
T4	もういちど	*mō ichido*	once more
FT	ほんとうに	*hontōni*	really
	すぐ	*sugu*	right away; at once; immediately

Interrogatives

| T1 | なんがい | *nan-gai* | what floor |
| T4 | なんばん | *nan-ban* | what number |

Conjunctions

| T2 | でも | *demo* | but |
| T3 | じゃ | *ja* | then; well |

Expressions

T2	もしもし、ペンです。	*Moshi moshi, Pen desu.*	Hello, this is Pen calling.
	おねがいします。	*Onegai shimasu.*	Please ~.; I would like ~.
	しつれいします。	*Shitsurei shimasu.*	Good-bye. [*polite*]
	しょうしょう おまちください。	*Shōshō o-machi kudasai.*	Please wait for a moment. [*polite*]
T4	よろしく おねがいします。	*Yoroshiku onegai shimasu.*	Thank you in advance. (lit., Please take good care of it.)
FT	ここで だいじょうぶですか。	*Koko de daijōbu desu ka.*	Is here okay? (Is it okay if I wait here?)
	だいじょうぶです。	*Daijōbu desu.*	It is okay.
	そこに いてください。	*Soko ni ite kudasai.*	Please be there.

Unit 7
いただきます

Itadakimasu (Thank you for the meal)

- Talking about food and drinks
- Inviting someone out to eat
- Dealing with restaurant situations

Key Sentences 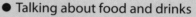 07-1

1
- *Oishisō desu.*
- *Itadakimasu.*
- *Oishii desu.*
- *Gochisōsama.*

- It looks delicious.
- Thank you for the meal. [*before eating*]
- It is delicious.
- Thank you for the meal. [*after eating*]

2
Q: *Nani o nomimasu ka.*
A1: *O-cha o nomimasu.*
A2: *Nanimo nomimasen.*

Q: What are you going to drink?
A1: I am going to drink some tea.
A2: I am not going to drink anything.

3
- *Mainichi sakana o tabemasu.*
- *Tokidoki izakaya de bīru o nomimasu.*

- I eat fish every day.
- I sometimes drink beer at an *izakaya*.

4
Q: *Onaka ga sukimashita.*
  Nanika tabemasen ka.
A: *Ii desu ne. Tabemashō.*

Q: I am hungry.
  Why don't we eat something?
A: That sounds good. Let's eat something.

5
Q: *Mō hiru-gohan o tabemashita ka.*
A1: *Mada desu.*
A2: *Mō tabemashita.*

Q: Have you already eaten lunch?
A1: Not yet.
A2: I have already (eaten).

Ex. (g) フルーツ
　　　　furūtsu

(1) (　) パン
　　　　pan

(2) (　) たまご
　　　　tamago

(3) (　) さかな
　　　　sakana

(4) (　) ごはん
　　　　gohan

(5) (　) やさい
　　　　yasai

(6) (　) ぶたにく
　　　　buta-niku

(7) (　) ぎゅうにく
　　　　gyū-niku

(8) (　) とりにく
　　　　tori-niku

(9) (　) なにも
　　　　nanimo

(10) (　) コーヒー
　　　　kōhī

(11) (　) ミルク
　　　　miruku

(12) (　) おちゃ
　　　　o-cha

(13) (　) (お)さけ
　　　　(o-)sake

(14) (　) こうちゃ
　　　　kōcha

a.

b.

c.

d.

e.

f.

g.

h.

i.

j.
Nothing

k.

l.

m.

n.
Milk

o.

Task 1　いただきます *Itadakimasu* (Thank you for the meal)

Phrases for the Task 🔊 07-3

- たべましょう。
  Tabemashō.
  (Let's eat.)

- いただきます。
  Itadakimasu.
  (Thank you for the meal. [*before eating*])

- おいしいです。
  Oishii desu.
  (It is delicious.)

- のみましょう。
  Nomimashō.
  (Let's drink.)

- ごちそうさま。
  Gochisōsama.
  (Thank you for the meal. [*after eating*])

- おいしそうです。
  Oishisō desu.
  (It looks delicious.)

1 **Tryout** Do what the teacher says.

Sakana o tabemashō.

Teacher

 You

2 **Review** Answer the teacher's questions.

(1) なにを　たべましたか。 (What did you eat?) →  を　たべました。
　　Nani o　tabemashita ka.　　　　　　　　　　　　　　　*o　tabemashita.*

(2) なにを　のみましたか。 (What did you drink?) → 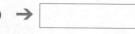 を　のみました。
　　Nani o　nomimashita ka.　　　　　　　　　　　　　　　*o　nomimashita.*

■ **Listen and repeat.** **07-4** (Scripts: p. 155)

Ex.

たなかさんは　　　　　ばんごはんを　　　　　たべます。
Tanaka-san wa　　　*ban-gohan o*　　　　　*tabemasu.*

Ex. *Tanaka-san*　　　　　**(1)**　　　　　**(2)**

ban-gohan　　　　　*resutoran*　　　　with *kazoku*

(3) *Pauro-san*　　　　　**(4)**　　　　　**(5)**

bīru　　　　　*izakaya*　　　　with *tomodachi*

(6) *Tanaka-san*　　　　　**(7)** *Pauro-san*　　　　　**(8)** *Tanaka-san*

gohan, sakana, furūtsu　　　*wain, bīru,* etc.　　　nothing

Task 3 わたしの メニュー *Watashi no menyū* (My daily menu)

1 **Make your daily menu.**

Choose food/beverages from the fliers given, and cut and paste them into the boxes below.

My Daily Menu

まいにち *mainichi*	よく *yoku*	
ときどき *tokidoki*	あまり *amari*	ぜんぜん *zenzen*

■ **Use these expressions if necessary.**

- はさみを ください。　(Scissors, please.)
  Hasami o　kudasai.
- のりを ください。　(Glue, please.)
  Nori o　kudasai.

2 **Tell the class about your daily menu.**

Ex. 🔊 07-5

- まいにち パンを たべます。
  Mainichi　pan o　tabemasu.

- ときどき ワインを のみます。
  Tokidoki　wain o　nomimasu.

- ぜんぜん にくを たべません。
  Zenzen　niku o　tabemasen.

- よく やさいを たべます。
  Yoku　yasai o　tabemasu.

- あまり コーヒーを のみません。
  Amari　kōhī o　nomimasen.

なにか たべませんか *Nanika tabemasen ka* (Why don't we eat something?)

1 Choose the phrases for each balloon.

A We are hungry!

Ex. (a)　① (　　)

I am hungry.　　Me, too.

② (　　)　③ (　　)

Why don't we　　Sounds good!
eat something?　　Let's eat.

a. おなかが すきました。
　Onaka ga sukimashita.

b. いいですね。 たべましょう。
　Ii desu ne.　Tabemashō.

c. わたしもです。
　Watashi mo desu.

d. なにか たべませんか。
　Nanika tabemasen ka.

B Go out for lunch!

④ (　　)

⑤ (　　)

Have you already　　Not yet.
eaten lunch?

⑥ (　　)　⑦ (　　)

Why don't we go　　Sounds good!
out for lunch?　　Let's go.

e. いっしょに ひるごはんに いきませんか。
　Isshoni　hiru-gohan ni ikimasen ka.

f. まだです。
　Mada desu.

g. もう ひるごはんを たべましたか。
　Mō　hiru-gohan o tabemashita ka.

h. いいですね。 いきましょう。
　Ii desu ne.　Ikimashō.

2 Shadowing Say conversations **A** and **B** in **1** aloud with the CD.

🔊 A **07-6**　B **07-7**

Final Task　レストランで　*Resutoran de*　(At a restaurant)

Words for the Task 🔊 07-8

▶ **Number of people**

• ひとり *hitori* (1 person)	• ふたり *futari* (2 people)	• さんにん *san-nin* (3 people)	• よにん *yo-nin* (4 people)	• ごにん *go-nin* (5 people)	• なんめい *nan-mei* (how many people [*polite*])

▶ **Smoking**

- • たばこ　*tabako*　(cigarette)
- • きんえん／ノースモーキング　*kin'en*　*nō-sumōkingu*　(no-smoking)
- • きつえん／スモーキング　*kitsuen*　*sumōkingu*　(smoking)

▶ **Words for restaurants**

- • おすすめ　*osusume*　(recommendation)
- • おかいけい　*o-kaikei*　(bill; payment)
- • べつべつで　*betsubetsude*　([pay] separately)
- • いっしょに　*isshoni*　([pay] together)

1　Tryout　**You are going to have dinner at a restaurant with your friends.**

1 At the restaurant entrance	2 Ordering a dish at the table
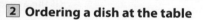	
3 Asking for the bill	4 Paying the cashier

2 Review Complete the conversations.

1 At the restaurant entrance

Staff: いらっしゃいませ。 なんめい ●□▼○▲×●□ か。
Irasshaimase. *Nan-mei* *ka.*

You: ① _____
(There are two of us.)

Staff: ●× たばこ ◆○▲×●□▼ か。 ●□▼◆○▲×●□▼ か。
tabako *ka.* *ka.*

You: ② _____
(No-smoking, please.)

Staff: こちらへ どうぞ。 (This way, please.)
Kochira e *dōzo.*

2 Ordering a dish at the table

You: ③ _____
(What's your recommendation?)

Staff: ◆○▲×●□▼ です。
desu.

You: ④ _____
(Is it meat, fish, or vegetable?)

Staff: にくです。 ぶたにくです。
Niku desu. *Buta-niku desu.*

You: ⑤ [*Pointing at the menu*] _____
(Is this a vegetable dish?)

Staff: やさいです。
Yasai desu.

You: ⑥ _____
(Then, this one, please.)

3 Asking for the bill

You: ⑦ _____
(Excuse me. Bill, please.)

Staff: はい、 □●×▲○■□●×▲○■。
Hai,

4 Paying the cashier

Staff: ◆○▲×□▼ ごいっしょ* ◆○▲×●□ か。
go-issho *ka.*

You: ⑧ _____
(We will pay separately.)

＊ごいっしょ *(go-issho)*：together [*polite*]

080

3 CD Simulation **Have conversations with the CD.**

🔊 **1** 07-9 **2** 07-10 **3** 07-11 **4** 07-12

MENU

本日のおすすめ
Today's Special
スタッフにお尋ねください。

カレーライス　700円　　　ミックスピザ　750円

寿司　1000円　　　とんかつ定食　850円　　　特製ラーメン　650円

焼き鳥盛り合わせ　800円　　刺身盛り合わせ　900円　　野菜天ぷら　800円

コーヒー
350円

紅茶
350円

ジュース
450円

ビール
500円

ワイン
600円

Sentence Patterns (2) —Action Verbs—

▸ **Make your own sentences.**

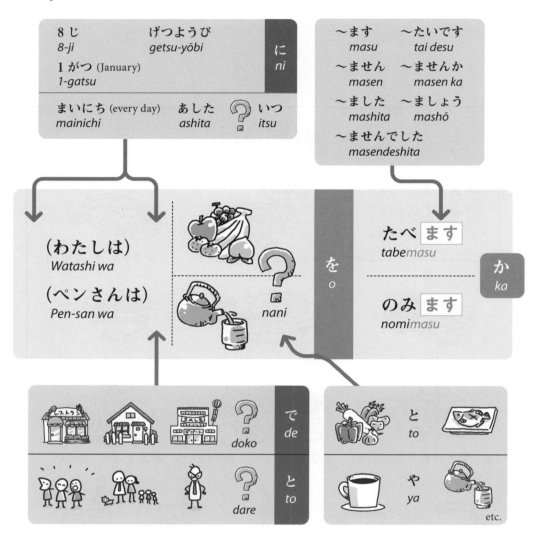

▸ **Translate the following into Japanese.**

(1) Pen-san eats fish every day.

(2) Mori-san never drinks beer.

(3) Okada-san often drinks wine with friends at an *izakaya*.

(4) **Q**: What did you eat yesterday morning?

　　A: I ate pork and vegetables.

Grammar

1. ~ *o tabemasu / nomimasu* (Action verbs)

	Object	Action Verb	
Watashi wa	*sakana o*	*tabemasu.*	I eat fish.
	miruku o	*nomimasu.*	I drink milk.
Tanaka-san wa	*nani o*	*tabemasu ka.*	What does Tanaka-san eat?

Tabemasu (eat) and *nomimasu* (drink) are classified as action verbs (verbs expressing actions). *O* is used as an object marker with the action verbs.

"Place+*de*" with an action verb indicates where the action described by the verb takes place.

	Place	Object	Action Verb	
	heya de	*sakana o*	*tabemasu.*	Pen-san eats fish in his room.
Pen-san wa	*resutoran de*	*miruku o*	*nomimasu.*	Pen-san drinks milk at the restaurant.
	doko de	*sakana o*	*tabemasu ka.*	Where does Pen-san eat fish?

2. *To* and *ya*

To means "and." Note that *to* can only connect nouns.

O	*kōhī to miruku to o-cha to bīru*	coffee, milk, green tea, and beer
X	*tabemasu to nomimasu*	(→ See "*soshite*" in Grammar 3 in Unit 8.)

Ya means "and so on" or "and others."

(*Watashi wa*)	*gohan to*	*sakana o*	*tabemasu.*	I eat rice and fish.
	gohan ya	*sakana o*		I eat rice, fish, and other food.
(*Watashi wa*)	*Kyōto to*	*Ōsaka ni*	*ikimashita.*	I went to Kyoto and Osaka.
	Kyōto ya	*Ōsaka ni*		I went to Kyoto, Osaka, and other places.

3. Making and accepting invitations

Q: (*Isshoni*) *hiru-gohan ni ikimasen ka.* A: *Ii desu ne. Ikimashō.*	Q: Why don't we go out to lunch together? A: That sounds good. Let's go.
Q: *Onaka ga sukimashita.* 　*Nanika tabemasen ka.* A: *Ii desu ne. Tabemashō.*	Q: I am hungry. 　Why don't we eat something? A: Sounds good. Let's get something to eat.

When declining invitations, use "*Sumimasen, chotto . . .*" (See Grammar 5 in Unit 1).

4. *Mō* (already) and *mada* (not yet)

Q: *Mō hiru-gohan o tabemashita ka.* A1: *Mada desu.* A2: *Mō tabemashita.*	Q: Have you already eaten lunch? A1: Not yet. A2: I have already.

When you are asked "*Mō tabemashita ka*" and want to answer "Not yet," say "*Mada desu.*" Do not say "*Mada tabemasen*" because it means "I will not eat yet."

Vocabulary

Verbs

T1	たべます	*tabemasu*	eat
	のみます	*nomimasu*	drink

Nouns

W	ぶたにく	*buta-niku*	pork
	とりにく	*tori-niku*	chicken
	ぎゅうにく	*gyū-niku*	beef
	たまご	*tamago*	egg
	やさい	*yasai*	vegetable(s)
	フルーツ	*furūtsu*	fruit(s)
	パン	*pan*	bread
	ごはん	*gohan*	(cooked) rice
	おちゃ	*o-cha*	green tea
	コーヒー	*kōhī*	coffee
	こうちゃ	*kōcha*	(English) tea
	ミルク	*miruku*	milk
	(お)さけ	*(o-)sake*	sake; alcohol
	なにも	*nanimo*	nothing [*in negative sentences*]
T2	ビール	*bīru*	beer
	いざかや	*izakaya*	*izakaya*; Japanese pub
T3	まいにち	*mainichi*	every day
T4	なにか	*nanika*	something
FT	ひとり	*hitori*	one person
	ふたり	*futari*	two people
	〜にん	*-nin*	[*counter for persons*]
	3にん	*san-nin*	three people

	たばこ	*tabako*	cigarette
	きんえん	*kin'en*	no-smoking
	ノースモーキング	*nō-sumōkingu*	no-smoking
	きつえん	*kitsuen*	smoking
	スモーキング	*sumōkingu*	smoking
	おすすめ	*osusume*	recommendation
	(お)かいけい	*(o-)kaikei*	bill; payment

Adjective

T1	おいしい	*oishii*	delicious; tasty

Adverbs

T3	よく	*yoku*	often
	ときどき	*tokidoki*	sometimes
	あまり	*amari*	not very often [*in negative sentences*]
	ぜんぜん	*zenzen*	not at all; never [*in negative sentences*]
T4	もう	*mō*	already
	まだ	*mada*	not yet; still
	いっしょに	*isshoni*	together
FT	べつべつで	*betsubetsude*	separately

Interrogatives

T1	なに	*nani*	what
FT	なんめい	*nan-mei*	how many people [*polite*]

Expressions

T1	いただきます。	*Itadakimasu.*	Thank you for the meal. [*before eating*]
	ごちそうさま。	*Gochisōsama.*	Thank you for the meal. [*after eating*]
	おいしそうです。	*Oishisō desu.*	It looks delicious.
T4	おなかが すきました。	*Onaka ga sukimashita.*	I am hungry.
	わたしもです。	*Watashi mo desu.*	Me, too.
	いいですね。	*Ii desu ne.*	That sounds good.

Unit 8
さいこうの にちようび

Saikō no nichi-yōbi (My perfect Sunday)

- How to say "I want to do something"
- Expressing various daily activities

→ **Strategies:** (13. At the Cleaner's)
(20. Using Home Appliances)
→ **Glossary:** 22. Verbs

Key Sentences 🔊 08-1

1
- *Maiasa shinbun o yomimasu.*
- *Maiban 11-ji goro nemasu.*

   - I read the newspapers every morning.
   - I go to bed around 11:00 every night.

2
Q: *Mainichi nani o shimasu ka.*
A1: *Kaisha de shigoto o shimasu.*
A2: *Sōji ya sentaku o shimasu.*

   Q: What do you do every day?
   A1: I work in the office.
   A2: I clean, wash clothes, etc.

3
Q: *Nichi-yōbi ni nani o shi-tai desu ka.*
A: *Hon o yomi-tai desu.*
   Soshite, jimu ni iki-tai desu.
   Shigoto o shi-taku nai desu.

   Q: What do you want to do on Sunday?
   A: I want to read a book.
   And I want to go to the gym.
   I do not want to work.

Ex. (a) ねます
nemasu

(1) ( ) ほんを よみます
hon o yomimasu

(2) ( ) しごとを します
shigoto o shimasu

(3) ( ) べんきょうを します
benkyō o   shimasu

(4) ( ) おきます
okimasu

(5) ( ) えいがを みます
eiga o   mimasu

(6) ( ) テニスを します
tenisu o   shimasu

(7) ( ) おんがくを ききます
ongaku o   kikimasu

(8) ( ) せんたくを します
sentaku o   shimasu

(9) ( ) パーティーを します
pātī o   shimasu

(10) ( ) やすみます
yasumimasu

(11) ( ) なにを しますか
nani o   shimasu ka

Task 1　リズム・イントネーション　(Rhythm / Intonation)

■ **Listen and repeat.**　🔊 **08-3**　(Scripts: p. 155)

Ex.

ペンさんは	ときどき	えいがを	みます。	えいがかんで	みます。
Pen-san wa	*tokidoki*	*eiga o*	*mimasu.*	*Eigakan de*	*mimasu.*

Ex. *Pen-san tokidoki*　　**(1)** *Okada-san mainichi*　　**(2)** *Tanaka-san maiban*　　**(3)** *Tanaka-san shūmatsu*

eigakan

kaisha

heya

with *tomodachi heya*

Task 2　まいにち　なにを　しますか　*Mainichi nani o shimasu ka*
(What do you do every day?)

1　**Make questions using *nani, doko, dare, itsu* and *nan-ji*.**

Ex.　What?　→　ペンさんは　なにを　しますか。
　　　　　　　　Pen-san wa　　*nani* o　*shimasu ka.*

(1) When?
(2) From what time?
(3) To what time?
(4) Where?
(5) With whom?

2 | Pair Work | Ask each other questions and fill in the blanks in the sheet. (Sheet B: p. 94)

まいにち *mainichi* 08-4

Ex. **A:** たなかさんは　まいにち
Tanaka-san wa　mainichi

なにを　しますか。
nani o　shimasu ka.

B: しごとを　します。
Shigoto o　shimasu.

A: なんじからですか。
Nan-ji kara desu ka.

B: 9じからです。
9-ji kara desu.

しゅうまつ *shūmatsu* 08-5

Ex. **A:** たなかさんは　しゅうまつ
Tanaka-san wa　shūmatsu

なにを　しますか。
nani o　shimasu ka.

B: ゴルフを　します。
Gorufu o　shimasu.

A: だれと　しますか。
Dare to　shimasu ka.

B: かいしゃのひとと　します。
Kaisha no hito to　shimasu.

📄 Sheet A

	mainichi	**shūmatsu**
Ex. たなか Tanaka	What? _____ *work* _____ From what time? *from 9:00*	What? _____ *golf* _____ With whom? *with colleagues*
(1) スミス Sumisu	What? ① _____ Where? ② _____	What? ③ _____ Where? ④ _____
(2) もり Mori	*work* *from 8:00*	*reading a newspaper* *in a room*
(3) すずき Suzuki	What? ① _____ From what time? ② _____	What? ③ _____ With whom? ④ _____
(4) タン Tan	*cleaning, laundry, etc.* *at home*	*tennis* *with a friend*

Task 3 　わたしの まいにち *Watashi no mainichi* (My daily activities)

1 Checklist of Daily Activities 🔊 08-6

A Check the things on the list that you usually do. (Yes - ○ / No - ✕)

B Ask your partner which things apply to him/her and fill in the list.

List	**A** You	**B** Partner
(1) まいあさ　7じに　おきます。 *Maiasa　7-ji ni　okimasu.*		
(2) まいあさ　しんぶんを　よみます。 *Maiasa　shinbun o　yomimasu.*		
(3) よく　やさいジュースを　のみます。 *Yoku　yasai-jūsu o　nomimasu.*		
(4) まいにち　バスで　かいしゃに　いきます。 *Mainichi　basu de　kaisha ni　ikimasu.*		
(5) 9じから　6じまで　しごとを　します。 *9-ji kara　6-ji made　shigoto o　shimasu.*		
(6) よく　ひとりで　ひるごはんを　たべます。 *Yoku　hitoride　hiru-gohan o　tabemasu.*		
(7) ごご　ときどき　かいぎを　します。 *Gogo　tokidoki　kaigi o　shimasu.*		
(8) 6じはんごろ　うちに　かえります。 *6-ji han goro　uchi ni　kaerimasu.*		
(9) かぞくと　ばんごはんを　たべます。 *Kazoku to　ban-gohan o　tabemasu.*		
(10) よく　さむらいえいが*の　DVDを　みます。 *Yoku　samurai eiga*　no　dībuidī o　mimasu.*		
(11) ときどき　へやで　にほんの　おんがくを　ききます。 *Tokidoki　heya de　Nihon no　ongaku o　kikimasu.*		
(12) まいばん　11じごろ　ねます。 *Maiban　11-ji goro　nemasu.*		

* *samurai eiga: samurai* warrior movie

2 Tell the class the biggest difference between you and your partner.

Ex. わたしは　まいあさ　12じに　おきます。　でも、　ペンさんは　7じに　おきます。
Watashi wa maiasa　12-ji ni　okimasu.　Demo,　Pen-san wa　7-ji ni　okimasu.

Task 4　のみたいです　*Nomi-tai desu*　(I want to drink)

1　Match the phrases with the pictures.　🔊 **08-7**

(1) (　　) (2) (　　) (3) (　　)

(4) (　　) (5) (　　) (6) (　　)

a. たべたいです *tabe-tai desu*	**b.** かえりたいです *kaeri-tai desu*
c. のみたいです *nomi-tai desu*	

d. やすみたいです *yasumi-tai desu*	**e.** かえりたくないです *kaeri-taku nai desu*
f. たべたくないです *tabe-taku nai desu*	

2　"Want-to-Do" List　🔊 **08-8**

A　Check the things on the list that you want to do.　(Yes - ○ / No - ✕)

B　Ask your partner which things apply to him/her and fill in the list.

	A You	**B** Partner
■ にちようびの　あさ　*Nichi-yōbi no asa*		
(1) 10じごろ　おきたいです。 *10-ji goro　oki-tai desu.*		
(2) やさいジュースを　のみたいです。 *Yasai-jūsu o　nomi-tai desu.*		
■ にちようびの　ごご　*Nichi-yōbi no gogo*	**A** You	**B** Partner
(3) しごとの　メールを　よみたいです。 *Shigoto no mēru o　yomi-tai desu.*		
(4) ジムに　いきたいです。 *Jimu ni　iki-tai desu.*		
■ にちようびの　よる　*Nichi-yōbi no yoru*	**A** You	**B** Partner
(5) ひとりで　おんがくを　ききたいです。 *Hitoride　ongaku o　kiki-tai desu.*		
(6) せんたくや　そうじを　したいです。 *Sentaku ya　sōji o　shi-tai desu.*		

さいこうの　にちようび　*Saikō no nichi-yōbi*　(My perfect Sunday)

1　Listen to Pen-san's "perfect Sunday" and fill in the blanks. 🔊 08-9

にちようびの　あさ、わたしは ① ＿＿＿＿＿＿＿ おきたいです。
Nichi-yōbi no　asa,　watashi wa　　　　　　　　oki-tai desu.

そして、ジムに ② ＿＿＿＿＿＿ ます。
Soshite,　jimu ni　　　　　　　masu.

ごご、えいがかんで　えいがを ③ ＿＿＿＿＿＿ です。
Gogo,　eigakan de　　eiga o　　　　　　　　desu.

よる、レストランで　ともだちと　にほんりょうりを ④ ＿＿＿＿＿＿です。
Yoru,　resutoran de　tomodachi to nihon-ryōri o　　　　　　　desu.

⑤ ＿＿＿＿＿＿ うちに　かえります。
　　　　　　　　uchi ni　kaerimasu.

せんたくや　そうじを ⑥ ＿＿＿＿＿＿です。
Sentaku ya　sōji o　　　　　　　desu.

へやで　ほんを ⑦ ＿＿＿＿＿＿です。　そして、⑧ ＿＿＿＿＿＿ ねます。
Heya de　hon o　　　　　　　desu.　Soshite,　　　　　　　nemasu.

2　Tell the class your "perfect Sunday."　　　　　　→ See Glossary 22.

1. *-tai desu* (I want to do something)

-tai desu expresses a speaker's desire.

(Watashi wa)	shinbun o	yomi *-tai desu.*	I want to read a newspaper.
	Okinawa ni	iki *-tai desu.*	I want to go to Okinawa.
	sushi o	tabe *-tai desu.*	I want to eat sushi.
	bīru o	nomi *-taku nai desu.*	I don't want to drink beer.

To make *-tai desu*, drop *masu* from verbs and add *-tai desu* instead. To say "do not want to do," use *-taku nai desu*.

When you offer food or drinks, do not say "*tabe-tai desu ka*" or "*nomi-tai desu ka*," and instead say "*~ wa ikaga desu ka*" (See Grammar 5 in Unit 9).

2. Word order

The basic word order of the Japanese sentence is as follows. Generally speaking, Japanese word order is relatively flexible.

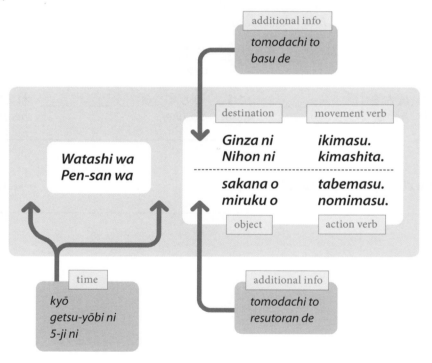

3. *Soshite* (and)

Soshite connects two sentences. (cf. Grammar 2 in Unit 7.)

Asa-gohan o tabemasu. *Soshite*, kaisha ni ikimasu.	I eat breakfast and I go to the office.
Eiga o mimasu. *Soshite*, ban-gohan o tabemasu.	I'll see a movie and eat dinner.
Nihon-go no benkyō o shimasu. *Soshite*, hon o yomimasu.	I'm going to study Japanese and read books.

Vocabulary

Verbs

W	ねます	*nemasu*	go to bed; sleep
	おきます	*okimasu*	get up
	よみます	*yomimasu*	read
	ききます	*kikimasu*	listen; hear
	みます	*mimasu*	see; watch; look
	やすみます	*yasumimasu*	take a rest
	します	*shimasu*	do
W	テニスを～	*tenisu o ~*	play tennis
	べんきょうを～	*benkyō o ~*	study
	しごとを～	*shigoto o ~*	work
	パーティーを～	*pātī o ~*	have a party
	せんたくを～	*sentaku o ~*	wash clothes; do laundry
T2	ゴルフを～	*gorufu o ~*	play golf
	そうじを～	*sōji o ~*	clean (a room)
T3	かいぎを～	*kaigi o ~*	hold a meeting

Nouns

W	えいが	*eiga*	movie
	べんきょう	*benkyō*	study

	テニス	*tenisu*	tennis
	おんがく	*ongaku*	music
T1	えいがかん	*eigakan*	movie theater
	へや	*heya*	room
	まいばん	*maiban*	every evening
	しゅうまつ	*shūmatsu*	weekend
T2	ゴルフ	*gorufu*	golf
T3	まいあさ	*maiasa*	every morning
	ジュース	*jūsu*	juice
	DVD	*dībuidī*	DVD
T4	あさ	*asa*	morning
	メール	*mēru*	e-mail
	ジム	*jimu*	gym
	よる	*yoru*	evening; night
FT	にほんりょうり	*nihon-ryōri*	Japanese dishes

Adverb

T3	ひとりで	*hitoride*	alone; by oneself

Conjunction

FT	そして	*soshite*	and

2 | Pair Work (Sheet A: p. 88)

まいにち *mainichi* 🔊 08-4

Ex. A: たなかさんは　まいにち
Tanaka-san wa　mainichi

なにを　しますか。
nani o　shimasu ka.

B: しごとを　します。
Shigoto o　shimasu.

A: なんじからですか。
Nan-ji kara desu ka.

B: 9 じからです。
9-ji kara desu.

しゅうまつ *shūmatsu* 🔊 08-5

Ex. A: たなかさんは　しゅうまつ
Tanaka-san wa　shūmatsu

なにを　しますか。
nani o　shimasu ka.

B: ゴルフを　します。
Gorufu o　shimasu.

A: だれと　しますか。
Dare to　shimasu ka.

B: かいしゃのひとと　します。
Kaisha no hito to　shimasu.

📄 **Sheet B**

	mainichi	*shūmatsu*
Ex. たなか *Tanaka*	What? ___*work*___ From what time? ___*from 9:00*___	What? ___*golf*___ With whom? ___*with colleagues*___
(1) スミス *Sumisu*	*work* *at a bank*	*listening to music* *at home*
(2) もり *Mori*	What? ① _____ From what time? ② _____	What? ③ _____ Where? ④ _____
(3) すずき *Suzuki*	*study* *from 10:00*	*watching a movie* *with a friend*
(4) タン *Tan*	What? ① _____ Where? ② _____	What? ③ _____ With whom? ④ _____

Unit 9
それ、いいですね！

Sore, ii desu ne! (That's nice!)

● Making and receiving compliments
● Offering food and drinks

Beautiful!

Interesting!

Nice! Made in which country?

→**Strategies:** (**12.** At the Hair Salon / Barber)
  (**14.** Express Parcel Delivery Service)
→**Glossary:** **12.** Daily Necessities
  14. Home
  23. Adjectives

Key Sentences 09-1

1	**A:** *Sore, kirei desu ne!*		**A:** How beautiful!; That is beautiful!	
	B: *Sō desu ka? Dōmo arigatō.*		**B:** You think so? Thank you.	
2	**Q:** *Doko no desu ka.*		**Q:** Where is it made?	
	A: *Nihon no desu.*		**A:** It is made in Japan.	
3	**Q:** *O-sushi wa ikaga desu ka.*		**Q:** Would you like some sushi?	
	A1: *Arigatō gozaimasu. Oishisō desu ne.*		**A1:** Thank you. It looks delicious.	
	A2: *Sumimasen, sakana wa chotto . . .*		**A2:** I am sorry, but I cannot eat fish . . .	
4	**Q:** *Motto ikaga desu ka.*		**Q:** Would you like some more?	
	A: *Mō kekkō desu.*		**A:** No more, thank you.	
5	**Q:** *Don'na hon desu ka.*		**Q:** What kind of book is this?	
	A1: *Benrina hon desu.*		**A1:** It is a convenient book.	
	A2: *Omoshiroi hon desu.*		**A2:** It is an interesting book.	

Words for the Task　 09-2

- いい
  ii
  (nice; good)
- かわいい
  kawaii
  (cute; pretty)
- かっこいい
  kakkoii
  (cool; good-looking)
- おもしろい
  omoshiroi
  (interesting)
- あたらしい
  atarashii
  (new)

- やすい
  yasui
  (inexpensive)
- たかい
  takai
  (expensive)
- かるい
  karui
  (light[weight])
- べんり
  benri
  (convenient)
- きれい
  kirei
  (beautiful; clean)

1　Tryout　**Compliment your partner's belongings.**

Ex.　09-3

A: それ、きれいですね！　(How beautiful!)
　　Sore,　kirei desu ne!

B: そうですか？　(You think so?)
　　Sō desu ka?

　　どうも　ありがとう。(Thank you.)
　　Dōmo　arigatō.

A: かるいですか。(Is it light?)
　　Karui desu ka.

B: はい、とても（かるいです）。(Yes, [it is light] very much.)
　　Hai,　totemo （karui desu）.

■ **Use these expressions if necessary.**

- どこで　かいましたか。
  Doko de　kaimashita ka.
  (Where did you buy it?)

- すみません、ちょっと　いいですか。
  Sumimasen,　chotto　ii desu ka.
  (Excuse me, may I [have a look]?)

- すみません、あの…、いくら……ですか。
  Sumimasen,　ano . . . , ikura . . . desu ka.
  (Excuse me, umm . . . , may I ask how much it is?)

2 **Listen to the CD and choose the right answers.** (Scripts: p. 155)

(Pay attention to the tones and intonations of complimenting.)

(1) タンさんの　さいふ 🔊 09-4
Tan-san no   saifu

（ かわいいです ・ きれいです ）
　　kawaii desu　　*kirei desu*

（ プレゼントです ・ プレゼントじゃないです ）
　purezento desu　　*purezento ja nai desu*

Tan-san

(2) もりさんの　かばん 🔊 09-5
Mori-san no   kaban

（ かわいいです ・ きれいです ）
　　kawaii desu　　*kirei desu*

（ アメリカの　です ・ にほんの　です ）
　Amerika no　desu　　*Nihon no　desu*

Mori-san

(3) ペンさんの　けいたい 🔊 09-6
Pen-san no   keitai

（ あたらしいです ・ ふるいです ）
　atarashii desu　　*furui desu*

（ べんりです ・ かるいです ）
　benri desu　　*karui desu*

（ やすいです ・ たかいです ）
　yasui desu　　*takai desu*

(4) ペンさんの　くつ 🔊 09-7
Pen-san no   kutsu

（ かっこいいです ・ おもしろいです ）
　kakkoii desu　　*omoshiroi desu*

（ アメリカの　です ・ にほんの　です ）
　Amerika no　desu　　*Nihon no　desu*

（ やすいです ・ たかいです ）
　yasui desu　　*takai desu*

(Pay attention to the tones and intonations of complimenting.)

- **ペンさんの けいたい**
  Pen-san no keitai

Friend: ペンさん、それ、かっこいいですね！
Pen-san, sore, kakkoii desu ne!

Pen: ありがとうございます。
Arigatō gozaimasu.

Friend: あたらしいですか。
Atarashii desu ka.

Pen: はい。
Hai.

Friend: ちょっと いいですか。(May I have a look?)
Chotto ii desu ka.

Pen: どうぞ。
Dōzo.

Friend: [*Taking hold of the phone*]
かるいですね！
Karui desu ne!

Pen: はい、とても かるいです。
Hai, totemo karui desu.

Friend: [*In a reserved tone*]
すみません。 あの……いくらですか。
Sumimasen. Ano... ikura desu ka.

Pen: 100えんです。
100-en desu.

Friend: [*Surprised*]
ええっ？ 100えん？ やすいですね！
Eeh? 100-en? Yasui desu ne!

Task 2 ともだちの うちで *Tomodachi no uchi de* (At your friend's house)

■ **Compliment the things at your friend's house.**

(1)

_____

(2)

_____

(3)

_____

(4)

_____

(5)

_____
_____

(6)

_____
_____

おすしは いかがですか　*O-sushi wa ikaga desu ka*
(Would you like some sushi?)

1 Pen-san is in Mori-san's house. They are having a party now. Choose the phrases for each balloon.

a. おすしは　いかがですか。
　O-sushi wa ikaga desu ka.

b. もっと　いかがですか。
　Motto　ikaga desu ka.

c. やきとりは　いかがですか。
　Yakitori wa　ikaga desu ka.

d. すみません、とりにくは　ちょっと……。
　Sumimasen,　tori-niku wa　chotto...

e. ありがとうございます。　おいしそうですね。
　Arigatō gozaimasu.　　Oishisō desu ne.

f. おいしいです。
　Oishii desu.

g. もう　けっこうです。　ありがとうございます。
　Mō　kekkō desu.　　Arigatō gozaimasu.

2 Shadowing Say the conversation aloud with the CD. 09-9

Task 4 けいようし *Keiyōshi* （Adjectives）

1 **Match the words and pictures.** 🔊 **09-10**

(Note that ● and ★ are different types of adjectives in Japanese.)

Ex. (a) おおきい
　　　　 ookii

(1) (　) ちいさい　　　(2) (　) あたらしい　　　(3) (　) ふるい
　　　　 chiisai　　　　　　　　 *atarashii*　　　　　　　　 *furui*

(4) (　) いい　　　　　(5) (　) かるい　　　　　(6) (　) たかい
　　　　 ii　　　　　　　　　　 *karui*　　　　　　　　　 *takai*

(7) (　) やすい　　　　(8) (　) おいしい　　　　(9) (　) かわいい
　　　　 yasui　　　　　　　　　 *oishii*　　　　　　　　 *kawaii*

(10) (　) おもしろい　　(11) (　) かっこいい　　(12) (　) べんり
　　　　 omoshiroi　　　　　　　 *kakkoii*　　　　　　　 *benri*

(13) (　) きれい　　　　(14) (　) げんき　　　　(15) (　) ゆうめい
　　　　 kirei　　　　　　　　　 *genki*　　　　　　　　 *yūmei*

a. ● big	b. ● small	c. ● expensive	d. ● inexpensive
e. ● new	f. ● old	g. ● interesting	h. ● cool / good-looking
i. ● light	j. ● nice / good	k. ● delicious	l. ● cute / pretty
m. ★ beautiful / clean	n. ★ convenient	o. ★ fine / healthy	p. ★ famous

2 Card Game (Group)

Listen to each word the teacher says and grab the corresponding card before the other students do.

3 Card Game (Pairs)

Show a card to each other at the same time, and say the word represented by the partner's card before he/she does the same.

Task 5 リズム・イントネーション (Rhythm / Intonation)

■ **Listen and repeat.**

A 🔊 09-11

   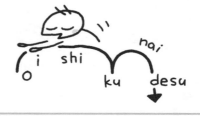

● **(1)** おいしいです *oishii desu*	おいしくないです *oishiku nai desu*
(2) おもしろいです *omoshiroi desu*	おもしろくないです *omoshiroku nai desu*
(3) あたらしいです *atarashii desu*	あたらしくないです *atarashiku nai desu*
★ **(4)** きれいです *kirei desu*	きれいじゃないです *kirei ja nai desu*
(5) べんりです *benri desu*	べんりじゃないです *benri ja nai desu*
(6) げんきです *genki desu*	げんきじゃないです *genki ja nai desu*

B 🔊 09-12

● (1) Q: どんな　ほんですか。
     Don'na   hon desu ka.

A: おもしろい　ほんです。
   Omoshiroi   hon desu.

(2) Q: どんな　くるまですか。
    Don'na   kuruma desu ka.

A: あたらしい　くるまです。
   Atarashii   kuruma desu.

★ (3) Q: どんな　みせですか。
     Don'na   mise desu ka.

A: べんりな　みせです。
   Benrina   mise desu.

(4) Q: どんな　ひとですか。
    Don'na   hito desu ka.

A: きれいな　ひとです。
   Kireina   hito desu.

Final Task　　おかださんの　とけい *Okada-san no tokei* (Okada-san's watch)

Make a presentation to compliment your friend's belongings.

1　Listen to the model presentations and answer the questions.

A 🔊 09-13

(1) だれの　かばんですか。
    Dare no kaban desu ka. _____

(2) どこの　かばんですか。
    Doko no kaban desu ka. _____

(3) どんな　かばんですか。
    Don'na   kaban desu ka. _____

B 🔊 09-14

(1) だれの　とけいですか。
    Dare no tokei desu ka. _____

(2) どこで　かいましたか。
    Doko de kaimashita ka. _____

(3) どんな　とけいですか。
    Don'na   tokei desu ka. _____

2 | Shadowing | Say the presentations aloud with the CD.

A 🔊 09-15

これは　もりさんの　かばんです。
Kore wa　Mori-san no　kaban desu.

にほんの　じゃないです。　アメリカの　です。
Nihon no　ja nai desu.　Amerika no　desu.

とても　きれいな　かばんです。　そして、べんりです。
Totemo　kireina　kaban desu.　Soshite,　benri desu.

B 🔊 09-16

これは　おかださんの　あたらしい　とけいです。
Kore wa　Okada-san no　atarashii　tokei desu.

せんしゅう　100えんショップで　かいました。
Senshū　100-en shoppu de　kaimashita.

とても　いい　とけいです。　そして、やすいです。
Totemo　ii　tokei desu.　Soshite,　yasui desu.

3 Make a presentation complimenting your friend's belongings and say it to the class.

これは ＿＿＿＿＿＿＿＿＿＿ さんの ＿＿＿＿＿＿＿＿＿＿ です。
Kore wa　　　　　　　　　　　　　　*san no*　　　　　　　　　　　　*desu.*

_____

_____

_____

_____

(→ See Glossary 12, 14 and 23.)

Two Types of Adjectives

There are two types of adjectives in Japanese. Those marked with ● are called "*i*-adjectives" and those with ★ are "*na*-adjectives."

1 Affirmative / Negative

●	たか taka	い *i*	です desu	(it is expensive)
	たか taka	く *ku*	ないです nai desu	(it is not expensive)
★	べんり benri		です desu	(it is convenient)
	べんり benri		じゃないです ja nai desu	(it is not convenient)

2 Adjective + Noun

●	たかい takai		テレビ terebi	(an expensive TV)
★	べんり benri	な *na*	テレビ terebi	(a convenient TV)

▶ **1. Put a ● in the parentheses if the word is an *i*-adjective, or a ★ if it is a *na*-adjective.**

(1) (　) おおきい
ookii

(2) (　) べんり
benri

(3) (　) たかい
takai

(4) (　) ふるい
furui

(5) (　) いい
ii

(6) (　) おいしい
oishii

(7) (　) おもしろい
omoshiroi

(8) (　) やすい
yasui

(9) (　) げんき
genki

(10) (　) きれい
kirei

(11) (　) あたらしい
atarashii

(12) (　) ゆうめい
yūmei

▶ **2. Translate the following into Japanese.**

(1) Is this convenient?

(2) Pen-san is not famous.

(3) Is this a new book?

(4) *Nattō* is not delicious.

(5) What a beautiful bag!

(6) Pen-san is an energetic person.

1. *I*-adjectives and *na*-adjectives

There are two types of adjectives in Japanese; *i* (い)-adjectives and *na* (な)-adjectives.

● *i*-adjectives				★ *na*-adjectives		
ookii	chiisai	atarashii	furui	kirei(na)	benri(na)	genki(na)
yasui	takai	karui	kawaii	yūmei(na)		
omoshiroi	kakkoii	ii				

2. Adjective + Noun

When modifying a noun, an *i*-adjective is placed directly before the noun, whereas a *na*-adjective requires *na* between the adjective and the noun.

● *i*-adjective + noun		★ *na*-adjective + noun	
yasui kaban	(an inexpensive bag)	kireina kaban	(a beautiful bag)
oishii kēki	(a delicious cake)	benrina nōto	(a convenient notebook)

3. Present form of adjectives

These are the affirmative and negative forms of the present tense of adjectives.

● *i*-adjective (Present)		★ *na*-adjective (Present)	
yasu i desu	(~ is inexpensive)	kirei desu	(~ is beautiful)
yasu ku nai desu	(~ is not inexpensive)	kirei ja nai desu	(~ is not beautiful)
oishi i desu	(~ is delicious)	benri desu	(~ is convenient)
oishi ku nai desu	(~ is not delicious)	benri ja nai desu	(~ is not convenient)
i i desu	(~ is nice/good)		
yo ku nai desu*	(~ is not nice/good)		
kakko i i desu	(~ is cool/good-looking)		
kakko yo ku nai desu*	(~ is not cool/good-looking)		

＊The negative form derives from *yoi desu*, which was the way that *ii desu* used to be expressed.

4. "Noun 1 *no* Noun 2" in various meanings

No is used in the form of "Noun 1 *no* Noun 2," in which Noun 2 is the main idea and Noun 1 is the detailed information for Noun 2. "Noun 1 *no* Noun 2" has various meanings.

Noun 1 (detailed information)		Noun 2 (main idea)	
Pen-san	no	T-shatsu	Pen-san's T-shirt (Unit2)
500-en	no	T-shatsu	a 500-yen T-shirt
Ginza	no	hon-ya	a bookstore in Ginza
Nihon	no	terebi	a TV made in Japan (Unit 9)
San Ginkō	no	Tanaka-san	Mr. Tanaka of Sun Bank
samurai eiga	no	DVD	a DVD of a *samurai* warrior movie (Unit 8)

5. *Ne* for exclamation

Ne can be used at the end of a sentence to make an exclamation. In this case, *wa* is likely to be dropped. (cf. Grammar 3 in Unit 3: *ne* for confirming.)

Exclamation (Complimenting)	Statements
Sore, kirei desu ne! (What a beautiful ~! [*Implies:* I really like your ~!])	*Sore **wa** kirei desu.* (That is beautiful.)
Sore, kireina kaban desu ne! (What a beautiful bag!)	*Sore **wa** kireina kaban desu.* (That is a beautiful bag.)

6. ～ *wa ikaga desu ka* (Would you like some . . . ?)

This is a phrase for offering food or drinks. You should also remember how to respond to the offer.

Q: *O-sushi wa ikaga desu ka.* **A:** *Oishisō desu ne. Arigatō gozaimasu.*	**Q:** Would you like some sushi? **A:** It looks delicious. Thank you.
Q: *Motto ikaga desu ka.* **A:** *Mō kekkō desu.*	**Q:** Would you like some more? **A:** No more, thank you.
Q: *Nattō wa ikaga desu ka.* **A:** *Sumimasen. Nattō wa chotto . . .*	**Q:** Would you like some *nattō*? **A:** Sorry, but I cannot eat *nattō* . . .

7. Showing hesitation

Sumimasen. Ano . . . ikura desu ka.	Excuse me. Umm . . . may I ask how much it is?

When you want to know how much some belonging cost the owner, be careful not to ask too directly like "*Sore wa ikura desu ka,*" because this can sound rude in Japan. Instead, use *sumimasen* (excuse me) and *ano . . .* (umm . . .) to express hesitation, saying "*Sumimasen. Ano . . . ikura desu ka.*"

Vocabulary

Verb

T1 かいます   *kaimasu*   buy

Nouns

T1 プレゼント   *purezento*   present; gift

しぶや   *Shibuya*   [place name]

あきはばら   *Akihabara*   [place name]

T3 （お）すし   *(o-)sushi*   *sushi*

やきとり   *yakitori*   *yakitori* [slewered grilled chicken]

T5 みせ   *mise*   shop; store

ひと   *hito*   person

FT せんしゅう   *senshū*   last week

100えんショップ   *hyaku-en shoppu*   dollar shop

Adjectives

T1 いい   *ii*   good; nice; okay

かわいい   *kawaii*   cute; pretty

かっこいい   *kakkoii*   cool; good-looking

おもしろい   *omoshiroi*   interesting; funny

かるい   *karui*   light(weight)

あたらしい   *atarashii*   new

ふるい   *furui*   old

たかい   *takai*   expensive; high

やすい   *yasui*   inexpensive; cheap

きれい（な）   *kirei(na)*   beautiful; clean

べんり（な）   *benri(na)*   convenient; useful

T4 おおきい   *ookii*   big

ちいさい   *chiisai*   small

げんき（な）   *genki(na)*   healthy; fine; vigorous

ゆうめい（な）   *yūmei(na)*   famous

Adverbs

T1 とても   *totemo*   very

T3 もっと   *motto*   more

Interrogatives

T1 どこの   *doko no*   of which place/ country/brand

T5 どんな   *don'na*   what kind of

Expressions

T1 そうですか？   *Sō desu ka?*   You think so?; Is that so?; Really?

どうも ありがとう（ございます）。   *Dōmo arigatō (gozaimasu).*   Thank you very much.

ちょっと いいですか。   *Chotto ii desu ka.*   May I (have a look)?

ええっ？ やすいですね！   *Eeh? Yasui desu ne!*   What? It's inexpensive!

T3 ～は いかがですか。   *~ wa ikaga desu ka.*   Would you like some ~?

もう けっこうです。   *Mō kekkō desu.*   No more, thank you.

Unit 10
どうでしたか

Dō deshita ka (How was it?)

- Describing past events and making brief remarks
- Writing a diary in Japanese
- Having a small talk about daily life

→ Strategies:	21. Annual Events in Japan
→ Glossary:	6. Calendar
	22. Verbs
	23. Adjectives

Key Sentences 🔊 10-1

1
Q: *Kinō no pātī wa dō deshita ka.*
A1: *Tanoshikatta desu.*
A2: *Amari tanoshiku nakatta desu.*

Q: How was the party yesterday?
A1: It was fun.
A2: It was not very fun.

2
A: *Kinō eiga o mimashita.*
B: *Watashi mo eiga o mimashita.*

A: I watched a movie yesterday.
B: I watched a movie, too.

3
Q: *Dare ga o-bentō o tsukurimashita ka.*
A: *Tan-san ga tsukurimashita.*

Q: Who made the boxed lunch?
A: Tan-san did.

Ex. (a) おもしろい
omoshiroi

(1) ( ) たのしい
tanoshii

(2) ( ) つまらない
tsumaranai

(3) ( ) いそがしい
isogashii

(4) ( ) むずかしい
muzukashii

(5) ( ) やさしい
yasashii

(6) ( ) しずか
shizuka

(7) ( ) ひま
hima

(8) ( ) にぎやか
nigiyaka

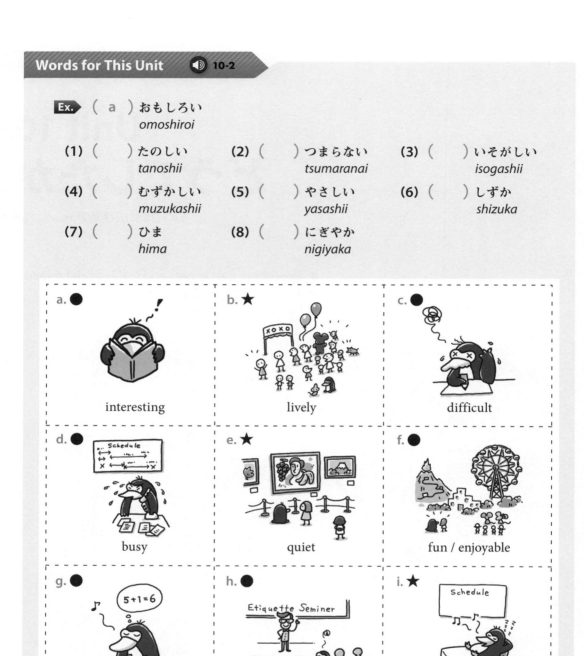

a. ● interesting

b. ★ lively

c. ● difficult

d. ● busy

e. ★ quiet

f. ● fun / enjoyable

g. ● easy

h. ● boring

i. ★ free (not busy)

Task 1 リズム・イントネーション (Rhythm / Intonation)

1 Listen and repeat. 🔊 10-3

(1) ●

- おいしいです
  oishii desu
- おいしかったです
  oishi katta desu
- おいしくないです
  oishiku nai desu
- おいしくなかったです
  oishiku nakatta desu

(2) ★

- ひまです
  hima desu
- ひまでした
  hima deshita
- ひまじゃないです
  hima ja nai desu
- ひまじゃなかったです
  hima ja nakatta desu

2 Listen and repeat. 🔊 10-4

| 1♪ | 2♪ | 1♪ | 2♪ |

(1)	A:	きのうの *Kinō no*	デートは *dēto wa*	どうでした *dō deshita*	か。 *ka.*
	B:	きのうは *Kinō wa*	とても *totemo*	たのしかった *tanoshikatta*	です。 *desu.*
	A:	なるほど *Naruhodo*	それは *sore wa*	よかったです *yokatta desu*	ね。 *ne.*
(2)	A:	きのうの *Kinō no*	デートは *dēto wa*	どうでした *dō deshita*	か。 *ka.*
	B:	じつは *Jitsu wa*	あまり *amari*	たのしくなかった *tanoshiku nakatta*	です。 *desu.*
	A:	それは *Sore wa*	ちょっと *chotto*	ざんねんでした *zan'nen deshita*	ね。 *ne.*

(1) A: How was the date yesterday?
B: It was fun yesterday.
A: I see. That's nice.

(2) A: How was the date yesterday?
B: To tell the truth, it was not very fun.
A: That's too bad.

おもしろかったです *Omoshirokatta desu* (It was interesting)

1 Pen-san and Yamada-san did the same things yesterday. Complete sentences (1)-(4) to match the pictures below.

	Pen-san	Yamada-san
Ex. えいが *eiga*	interesting	boring
(1) べんきょう *benkyō*	easy	difficult
(2) パーティー *pātī*	fun / enjoyable	boring
(3) しごと *shigoto*	free (not busy)	busy
(4) ひるごはん *hiru-gohan*	delicious	not delicious

Ex. ペンさんは　きのう　えいがを　みました。　おもしろかったです。
Pen-san wa　kinō　eiga o　mimashita.　Omoshirokatta desu.

やまださんも　きのう　えいがを　みました。　つまらなかったです。
Yamada-san mo kinō　eiga o　mimashita.　Tsumaranakatta desu.

(1) ペンさんは　きのう　べんきょうを　しました。＿＿＿＿＿＿＿＿＿＿＿
    Pen-san wa   kinō   benkyō o   shimashita.

    やまださんも　きのう　べんきょうを　しました。＿＿＿＿＿＿＿＿＿＿
    Yamada-san mo kinō   benkyō o   shimashita.

(2) ペンさんは　きのう　パーティーに　いきました。＿＿＿＿＿＿＿＿＿＿
    Pen-san wa   kinō   pātī ni   ikimashita.

    やまださんも　きのう　パーティーに　いきました。＿＿＿＿＿＿＿＿＿
    Yamada-san mo kinō   pātī ni   ikimashita.

(3) ペンさんは　きのう　しごとを　しました。＿＿＿＿＿＿＿＿＿＿＿＿
    Pen-san wa   kinō   shigoto o   shimashita.

    やまださんも　きのう　しごとを　しました。＿＿＿＿＿＿＿＿＿＿＿
    Yamada-san mo kinō   shigoto o   shimashita.

(4) ペンさんは　きのう　ひるごはんを　たべました。＿＿＿＿＿＿＿＿＿＿
    Pen-san wa   kinō   hiru-gohan o   tabemashita.

    やまださんも　きのう　ひるごはんを　たべました。＿＿＿＿＿＿＿＿＿
    Yamada-san mo kinō   hiru-gohan o   tabemashita.

---

2 **Make conversations between Pen-san and Yamada-san for sentences (1)-(4)
in 1 .**

Ex. 🔊 10-5

Pen: きのう　えいがを　みました。
Kinō   eiga o   mimashita.

Yamada: どうでしたか。
Dō deshita ka.

Pen: とても　おもしろかったです。
Totemo   omoshirokatta desu.

Yamada: よかったですね。
Yokatta desu ne.

わたしも　きのう　えいがを　みました。
Watashi mo kinō   eiga o   mimashita.

でも、つまらなかったです。
Demo, tsumaranakatta desu.

Task 3 なにを　しましたか *Nani o shimashita ka* (What did you do?)

Ex. (a)かいます
kaimasu

(1) (　)あいます
aimasu

(2) (　)チェックします
chekku shimasu

(3) (　)しゃしんを　とります
shashin o　torimasu

(4) (　)かきます
kakimasu

(5) (　)さんぽを　します
sanpo o　shimasu

(6) (　)ジョギングを　します
jogingu o　shimasu

(7) (　)つくります
tsukurimasu

(8) (　)シャワーを　あびます
shawā o　abimasu

a.

¥800
kasa

b.

repōto

c.

d.

kōen

e.

kōen

f.

g.

h.

i.

1 **Listen to the stories and answer the questions.** (Scripts: p. 155)

• Story 1 🔊 10-7

(1) だれが シャワーを あびましたか。
Dare ga shawā o abimashita ka. _____

(2) スーパーで なにを かいましたか。
Sūpā de nani o kaimashita ka. _____

(3) ごご、こうえんで なにを しましたか。
Gogo, kōen de nani o shimashita ka. _____

• Story 2 🔊 10-8

(1) だれが レポートを かきましたか。
Dare ga repōto o kakimashita ka. _____

(2) レポートは どうでしたか。
Repōto wa dō deshita ka. _____

(3) ごご、だれに あいましたか。
Gogo, dare ni aimashita ka. _____

(4) よる、なにを しましたか。
Yoru, nani o shimashita ka. _____

• Story 3 🔊 10-9

(1) だれが ジョギングを しましたか。
Dare ga jogingu o shimashita ka. _____

(2) どうぶつえんで なにを しましたか。
Dōbutsuen de nani o shimashita ka. _____

(3) どうぶつえんは どうでしたか。
Dōbutsuen wa dō deshita ka. _____

(4) よる、なにを つくりましたか。
Yoru, nani o tsukurimashita ka. _____

2 **Choose two or three pictures from a–i on the left page, and make a story.**

Ex. ▶

kōen

きのう パウロさんは こうえんで
Kinō Pauro-san wa kōen de

さんぽを しました。
sanpo o shimashita.

そして、シャワーを あびました。
Soshite, shawā o abimashita.

■ Checklist for Last Sunday 🔊 10-10

A Check the things on the list that you did last Sunday. (Yes - ○ / No - ✕)

B Ask your partner which things he/she did and fill in the list.

■ せんしゅうの にちようびの あさ *Senshū no nichi-yōbi no asa*	A You	B Partner
(1) 7 じに おきました。 *7-ji ni okimashita.*		
(2) シャワーを あびました。 *Shawā o abimashita.*		
(3) メールを チェックしました。 *Mēru o chekku shimashita.*		
(4) そうじと せんたくを しました。 *Sōji to sentaku o shimashita.*		
■ せんしゅうの にちようびの ごご *Senshū no nichi-yōbi no gogo*	A You	B Partner
(5) ともだちに あいました。 *Tomodachi ni aimashita.*		
(6) ともだちと かいものに いきました。 *Tomodachi to kaimono ni ikimashita.*		
(7) ともだちと ロマンチックな えいがを みました。 *Tomodachi to romanchikkuna eiga o mimashita.*		
(8) ひとりで びじゅつかんに いきました。 *Hitoride bijutsukan ni ikimashita.*		
(9) ほんを かいました。 *Hon o kaimashita.*		
■ せんしゅうの にちようびの よる *Senshū no nichi-yōbi no yoru*	A You	B Partner
(10) うちで ばんごはんを つくりました。 *Uchi de ban-gohan o tsukurimashita.*		
(11) レポートを かきました。 *Repōto o kakimashita.*		
(12) 11 じごろ ねました。 *11-ji goro nemashita.*		

Task 5 スミスさんの にっき *Sumisu-san no nikki* (Smith-san's diary)

Words for the Task 🔊 10-11

- ゴールデンウィーク
  gōruden-wīku
  (Golden Week)

- こどもの ひ
  kodomo no hi
  (Children's Day)

- ぎんざ
  Ginza
  (Ginza)

- やすみ
  yasumi
  (holiday; break)

- どうぶつえん
  dōbutsuen
  (zoo)

- おべんとう
  o-bentō
  (boxed lunch)

■ **Listen to the diaries. Take notes and answer the questions.** (Scripts: p. 156)

Ａ スミスさんの にっき *Sumisu-san no nikki* 🔊 10-12

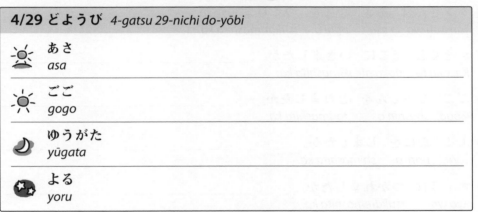

4/29 どようび *4-gatsu 29-nichi do-yōbi*
あさ *asa*
ごご *gogo*
ゆうがた *yūgata*
よる *yoru*

Questions

(1) きょうから かいしゃは やすみですか。　_____
Kyō kara　kaisha wa　yasumi desu ka.

(2) スミスさんは あさ、ジョギングを しましたか。　_____
Sumisu-san wa　asa,　jogingu o　shimashita ka.

(3) ごご、なにを かいましたか。　_____
Gogo, nani o　kaimashita ka.

(4) ゆうがた、すしを たべましたか。　_____
Yūgata,　sushi o　tabemashita ka.

(5) きょうは どうでしたか。　_____
Kyō wa　dō deshita ka.

5/5 きんようび（こどもの ひ） *5-gatsu itsuka kin-yōbi (kodomo no hi)*

	あさ *asa*	

	ごご *gogo*	

	ゆうがた *yūgata*	

	よる *yoru*	

Questions

(1) タンさんは あさ、なにを つくりましたか。 _____
   Tan-san wa   asa,   nani o   tsukurimashita ka.

(2) かぞくと どこに いきましたか。 _____
   Kazoku to   doko ni   ikimashita ka.

(3) ごご、しゃしんを とりましたか。 _____
   Gogo, shashin o   torimashita ka.

(4) よる、なにを しましたか。 _____
   Yoru,   nani o   shimashita ka.

(5) きょうは つかれましたか。 _____
   Kyō wa   tsukaremashita ka.

Final Task わたしの にっき *Watashi no nikki* (My diary)

■ Write a diary entry about your weekend, and tell it to the class.

_____がつ _____にち _____ようび
gatsu　　　　*nichi*　　　　*yōbi*

あさ
asa

ごご
gogo

ゆうがた
yūgata

よる
yoru

→ See Glossary 22 and 23.

1. Past forms of adjectives and nouns

I-adjectives

	Present		Past	
Affirmative	*oishii desu*	(~ is delicious)	*oishikatta desu*	(~ was delicious)
Negative	*oishiku nai desu*	(~ is not delicious)	*oishiku nakatta desu*	(~ was not delicious)

	Presnet		Past	
Affirmative	*ii desu*	(~ is nice/good/okay)	*yokatta desu*	(~ was nice/good/okay)
Negative	*yoku nai desu*	(~ is not nice/good/okay)	*yoku nakatta desu*	(~ was not nice/good/okay)

Na-adjective

	Present		Past	
Affirmative	*benri desu*	(~ is convenient)	*benri deshita*	(~ was convenient)
Negative	*benri ja nai desu*	(~ is not convenient)	*benri ja nakatta desu*	(~ was not convenient)

Noun

	Present		Past	
Affirmative	*yasumi desu*	(~ is a holiday)	*yasumi deshita*	(~ was a holiday)
Negative	*yasumi ja nai desu*	(~ is not a holiday)	*yasumi ja nakatta desu*	(~ was not a holiday)

2. *Dare ga*

Dare in the sentences like "Who made the boxed lunch?" is always marked with *ga*, not with *wa*. *Ga* should also be used when replying to the *dare* question.

	*Pen-san **wa***	*sakana o*	*tabemashita.*	Pen-san ate fish. [*statement*]
Q:	*Dare ga*	*sakana o*	*tabemashita ka.*	**Q:** Who ate fish?
A:	*Pen-san ga*		*tabemashita.*	**A:** Pen-san did.

3. *Mo* (too / also / either)

Mo means "too," "also," or, in negative sentences, "either."

*Watashi **wa** eiga o mimasu.*	I will watch a movie.
Yamada-san mo eiga o mimasu.	Yamada-san will watch a movie, too.
*Kore **o** kudasai.*	I'll take this.
Sore mo kudasai.	I'll take that, too.
*Kyōto **ni** ikimasu.*	I'll go to Kyoto.
Ōsaka ni mo ikimasu.	I'll go to Osaka, too.
Watashi mo desu.	Me, too.

Note that *wa* and *o* are replaced by *mo* in the *mo*-sentences, but *ni* changes into *ni mo*.

4. Past form of verbs (Review)

	Present	Past
Affirmative	*tabemasu* (eat)	*tabemashita* (ate)
Negative	*tabemasen* (do not eat)	*tabemasendeshita* (did not eat)

5. Particles and verb types (Review)

Some particles should be remembered in relation to the particular verb types they are often used with.

Ni with movement verbs (Unit 5)

Ni used with movement verbs indicates a destination of the movement. Movement verbs include three verbs; *ikimasu* (go), *kaerimasu* (return), and *kimasu* (come).

	Destination	Movement Verbs	
(Pen-san wa)	*Ginza ni*	*ikimasu.*	Pen-san goes to Ginza.
	uchi ni	*kaerimasu.*	Pen-san returns home.
	Nihon ni	*kimashita.*	Pen-san came to Japan.

O with action verbs (Units 7 and 8)

O used with action verbs marks the object. Action verbs are the verbs describing actions, e.g., *tabemasu* (eat), *nomimasu* (drink), *kikimasu* (listen), *yomimasu* (read), *mimasu* (watch), and many other verbs.

	Object	Action Verbs	
(Watashi wa)	*hon o*	*yomimasu.*	I read books.
	terebi o	*mimasu.*	I watch TV.
	mizu o	*nomimasu.*	I drink water.

De with action verbs (Units 7 and 8)

De is used with action verbs and marks the place where the action takes place. Please do not confuse this particle with *ni* used with movement verbs.

	Place	Action Verbs	
(Watashi wa)	*heya de*	*yomimasu.*	I read (it) in the room.
	uchi de	*mimasu.*	I watch (it) at home.
	resutoran de	*nomimasu.*	I drink (it) at the restaurant.

Vocabulary

Verbs

T3 あいます	aimasu	meet
かきます	kakimasu	write
つくります	tsukurimasu	make
チェックします	chekku shimasu	check
しゃしんを とります	shashin o torimasu	take a picture
シャワーを あびます	shawā o abimasu	take a shower

Nouns

T3 さんぽ	sanpo	walking
ジョギング	jogingu	jogging
レポート	repōto	report
かさ	kasa	umbrella
ぎんざ	Ginza	[place name]
こうえん	kōen	park
どうぶつえん	dōbutsuen	zoo
T4 びじゅつかん	bijutsukan	art museum
T5 やすみ	yasumi	holiday; break
こどもの ひ	kodomo no hi	Children's Day → See Strategy 21.
(お)べんとう	(o-)bentō	boxed lunch
にっき	nikki	diary
～にち	-nichi	[date]
29にち	nijūku-nichi	29th [date]
いつか	itsuka	5th [date]

* Calendar → See Glossary 6.

1しゅうかん	isshūkan	one week
ゆうがた	yūgata	(early) evening
すしや	sushi-ya	sushi restaurant

Adjectives

W たのしい	tanoshii	fun; enjoyable
つまらない	tsumaranai	boring
いそがしい	isogashii	busy
むずかしい	muzukashii	difficult
やさしい	yasashii	easy
しずか(な)	shizuka(na)	quiet
ひま(な)	hima(na)	not busy; free
にぎやか(な)	nigiyaka(na)	lively
T4 ロマンチック(な)	romanchikku(na)	romantic

Adverbs

T1 あまり	amari	not very much [in negative sentences]
ちょっと	chotto	a little bit
T3 たくさん	takusan	many; a lot of; plenty

Interrogatives

T1 どう	dō	how
T3 だれ	dare	who

Expressions

T1 なるほど。	Naruhodo.	I see.
(それは)よかったですね。	(Sore wa) yokatta desu ne.	That's nice.
じつは～。	Jitsuwa ~.	To tell the truth ~.
(それは)ざんねんでしたね。	(Sore wa) zan'nen deshita ne.	That's too bad.
T3 つかれました。	Tsukaremashita.	I'm tired.; I got tired.

Unit 11
やすみたいんですが…

Yasumitai-n-desu ga . . . (Calling in sick)

Yasumitai-n-desu ga . . .

- Describing your physical condition
- Asking for help/Offering help
- Buying medicine at a pharmacy
- Calling in sick

→ Strategies:	**16.** Medical Care in Japan
	(17. Calling 119 for Emergencies)
→ Glossary:	**20.** The Body
	21. Sickness / Injury

Key Sentences 🔊 11-1

1 · *(Watashi wa) atama ga itai desu.* · I have a headache.

2 Q: *Eakon o tsukemashō ka.* Q: Shall I turn on the air conditioner for you?
A: *Hai, onegai shimasu.* A: Yes, please.

3 Q: *Dō shita-n-desu ka.* Q: What's the matter? (I am worried about you.)
A: *Onaka ga itai-n-desu.* A: I have a stomachache. (I hope you understand; I need your help/some rest . . .)

Gaman dekimasen. I cannot stand (the pain).

4 A: *Itsu kusuri o nomimasu ka.* A: When should I take this medicine?
B: ◆○▲×●□▼. B: [*The shop clerk explains when to take it.*]
Asa ◆○× yoru ●×□.
A1: *Asa to yoru desu ne?* A1: I take it in the morning and the evening, right?
A2: *Gohan no mae desu ka,* A2: Before meals or after meals?
gohan no ato desu ka.

5 · *Ashita yasumitai-n-desu ga . . .* · I would like to take the day off tomorrow. (If possible / Sorry about the trouble, etc.)

· *Kinō wa sumimasendeshita.* · I am sorry for yesterday.
· *Okagesamade, mō daijōbu desu.* · Thanks to you, I am okay now.

Ex. (a) め
me

(1) ( ) くち
kuchi

(2) ( ) はな
hana

(3) ( ) は
ha

(4) ( ) みみ
mimi

(5) ( ) あたま
atama

(6) ( ) むね
mune

(7) ( ) おなか
onaka

(8) ( ) て
te

(9) ( ) あし
ashi

(10) ( ) こし
koshi

(11) ( ) ねつ
netsu

a. eye	b. head	c. nose	d. ear
e. mouth	f. tooth	g. lower back; hip	h. hand
i. chest; heart	j. leg; foot	k. stomach; belly	l. fever

▶ **Conditions**

Fill in the blanks to describe the pictures.

(1)

□ が いたいです
ga itai desu

(2)

□ が いたいです
ga itai desu

(3)

□ が いたいです
ga itai desu

(4)

□ が いたいです
ga itai desu

(5)

□ が いたいです
ga itai desu

(6)

□ が あります
ga arimasu

Task 1 どうしたんですか *Dō shita-n-desu ka* (What's wrong with you?)

Phrases for the Task 🔊 11-3

(1) ( ) どうしたんですか
dō shita-n-desu ka

(2) ( ) もってきましょうか
motte kimashō ka

(3) ( ) つけましょうか
tsukemashō ka

(4) ( ) けしましょうか
keshimashō ka

a. Shall I bring?

b. Shall I turn off?

c. Shall I turn on?

d. What is the matter?

1 Tryout Your friend looks uncomfortable.

2 Review Complete the conversations.

1 **You:** ① _____
(What is the matter?)

Friend: おなかが…… いたいんです……。
Onaka ga …   itai-n-desu …

You: くすりを ② _____
Kusuri o   (Shall I bring … ?)

Friend: はい、おねがいします。
Hai,   onegai shimasu.

2 **Friend:** [*Coughing*]

You: みずを ③ _____
Mizu o   (Shall I bring … ?)

Friend: はい、おねがいします。
Hai,   onegai shimasu.

3 **Friend:** さむいです。
Samui desu.

You: エアコンを ④ _____
Eakon o   (Shall I turn it off?)

Friend: はい、おねがいします。
Hai,   onegai shimasu.

4 **Friend:** あついです。
Atsui desu.

You: エアコンを ⑤ _____
Eakon o   (Shall I turn it on?)

Friend: はい、おねがいします。
Hai,   onegai shimasu.

5 **Friend:** うるさいです。
Urusai desu.

You: テレビを ⑥ _____
Terebi o   (Shall I turn it off?)

Friend: はい、おねがいします。
Hai,   onegai shimasu.

3 CD Simulation Have conversations with the CD. 🔊 11-4

Task 2 がまん できません *Gaman dekimasen* (I can't stand it)

■ Shadowing **Say the conversations aloud with the CD.**

1 You feel very ill. Describe your condition. 🔊 11-5

Friend: どうしたんですか。
Dō shita-n-desu ka.

You: あたまが…… いたいんです……。
Atama ga . . .   itai-n-desu . . .

Friend: だいじょうぶですか。
Daijōbu desu ka.

You: すごく いたいんです……。 がまん できません。
Sugoku   itai-n-desu . . .   Gaman   dekimasen.

2 Respond to the friend's questions. 🔊 11-6

Friend: いつからですか。
Itsu kara desu ka.

You: きのうからです。
Kinō kara   desu.

Friend: ずっとですか、ときどきですか。
Zutto desu ka,   tokidoki desu ka.

You: ずっとです。
Zutto   desu.

- けさから (since this morning)
  kesa kara
- おとといから (since the day before yesterday)
  ototoi kara
- よっかまえから (since four days ago)
  yokka-mae kara

- ときどき (sometimes)
  tokidoki

3 Accept the friend's offer of help. 🔊 11-7

Friend: びょういんに いきますか。
Byōin ni   ikimasu ka.

タクシーを よびましょうか。
Takushī o   yobimashō ka.

You: おねがいします。
Onegai shimasu.

Friend: わたしも いっしょに いきます。
Watashi mo isshoni   ikimasu.

You: ありがとうございます。
Arigatō gozaimasu.

くすりやで *Kusuri-ya de* (At the drugstore)

Words and Phrases for the Task 🔊 11-8

▶ **taking medicine**

• くすりを　のみます
kusuri o　nomimasu
(take medicine)

• かぜぐすり
kaze-gusuri
(cold medicine)

• ごはんの　まえ／ごはんの　あと
gohan no　mae　gohan no　ato
(before meals)　(after meals)

▶ **number of times**

• いっかい／にかい／さんかい
ikkai　*ni-kai*　*san-kai*
(once)　(twice)　(three times)

• なんかい
nan-kai
(how many times)

• いちにち　なんかい
ichinichi　nan-kai
(how many times a day)

▶ **number of items**

• ひとつ／ふたつ／みっつ
hitotsu futatsu mittsu
(one item) (two items) (three items)

• いくつ
ikutsu
(how many items)

---

1 | Tryout | **You have caught a cold, and you went to the pharmacy.**

| 1 〈Pharmacy〉 | 2 How many times a day? | 3 How many pills? | 4 When? |

---

2 | Review | **Complete the conversations at the pharmacy.**

1 Describe your condition.

Shop clerk: いらっしゃいませ。
Irasshaimase.

You: ① _____
(Do you have cold medicine?)

Shop clerk: はい。◆○▲×●□▼。◆○▲×●□◆○。▲×●○▲×●。
Hai.

You: ② _____
(I have a headache. I also have a fever.)

Shop clerk: ◆○▲×●□▼。□◆○▲×●□◆○。▲×●○▲×●□。

128

2 How many times a day?

You: ③ _____

(How many times a day should I take?)

Shop clerk: ◆○▲✕●□▼、□◆○▲✕●○▲✕●□◆○。

You: ④ _____

(Once? Twice? Three times?)

Shop clerk: 2かいです。
2-kai desu.

3 How many pills?

You: ⑤ _____

(How many pills should I take?)

Shop clerk: ◆○▲✕●□▼○■✕□。 ✕●○▲✕ ふたつ ●✕□▼○。
　　　　　　　　　　　　　　　　　　　　 futatsu

You: ⑥ _____

(Two pills at a time, right?)

Shop clerk: そうです。
Sō desu.

4 When?

You: ⑦ _____

(When should I take [the pills]?)

Shop clerk: ✕●□✕▲○■✕□▲。 あさ ▲✕ よる ○▲✕▼。
　　　　　　　　　　　　　　　　　 Asa 　　　 *yoru*

You: ⑧ _____

(Morning and evening, right?)

_____

(Before meals or after meals?)

Shop clerk: ごはんの あとです。
Gohan no ato desu.

You: わかりました。 じゃ、これを ください。
Wakarimashita. Ja, kore o kudasai.

---

3 `CD Simulation` **Have conversations with the CD.**

🔊 ① **11-9** ② **11-10** ③ **11-11** ④ **11-12**

1 You got sick but you want to do the following things. Ask the doctor whether you can do these activities.

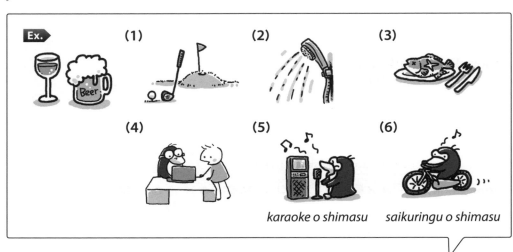

karaoke o shimasu   saikuringu o shimasu

Ex. 🔊 11-13

You: ビールを のみたいです。 いいですか。
Bīru o   nomitai desu.   Ii desu ka.

Doctor: まだ だめです。 (No, not yet.)
Mada dame desu.

(1) _____

(2) _____

(3) _____

(4) _____

(5) _____

(6) _____

2 Shadowing Say the conversations aloud with the CD. 🔊 11-14

Final Task やすみたいんですが… *Yasumitai-n-desu ga…*
(I would like to take the day off)

Phrases for the Task 🔊 11-15

• やすみたいんですが…
yasumitai-n-desu ga…
(I would like to take the day off
[Sorry about the trouble, etc.])

• おかげさまで
okagesamade
(thanks to you)

• [あたま] が いたいんです
[Atama] ga itai-n-desu
(My head hurts; I have a headache.
[I hope you understand, etc.])

• がんばります
ganbarimasu
(I will work hard)

■ **Make conversations that match each situation.**

 🔊 11-16

> ペンさんは きのうから あたまが すごく いたいです。
>
> きょう にほんごの クラスが あります。
>
> ペンさんは クラスを やすみます。
>
> にほんごの せんせいに でんわを します。
>
>   *   *   *
>
> *Pen-san wa kinō kara atama ga sugoku itai desu.*
>
> *Kyō Nihon-go no kurasu ga arimasu.*
>
> *Pen-san wa kurasu o yasumimasu.*
>
> *Nihon-go no sensei ni denwa o shimasu.*

Pen: ①もしもし、ペンです。
Moshi moshi, Pen desu.

すみません、きょう やすみたいんですが……。
Sumimasen, kyō yasumitai-n-desu ga….

Teacher: どうしたんですか。
Dō shita-n-desu ka.

Pen ②きのうから あたまが いたいんです。
Kinō kara atama ga itai-n-desu.

Teacher: それは たいへんですね。 おだいじに。
Sore wa taihen desu ne. Odaijini.

Pen: ありがとうございます。 あした がんばります。 しつれいします。
Arigatō gozaimasu. *Ashita ganbarimasu.* *Shitsurei shimasu.*

*　　　　　　*　　　　　　*

• **つぎの ひ** *Tsugi no hi*

Pen: きのうは すみませんでした。
Kinō wa sumimasendeshita.

Teacher: もう だいじょうぶですか。
Mō daijōbu desu ka.

Pen: はい、おかげさまで。 もう だいじょうぶです。
Hai, okagesamade. Mō daijōbu desu.

(1)

あさです。 やまださんは ねつが あります。
きのうから おなかが とても いたいです。
やまださんは かいしゃを やすみます。
かちょうに でんわを します。

*　　　　*　　　　*

Asa desu. Yamada-san wa netsu ga arimasu.
Kinō kara onaka ga totemo itai desu.
Yamada-san wa kaisha o yasumimasu.
Kachō ni denwa o shimasu.

(2)

もりさんは いま かいしゃに います。
あさから ずっと めが いたいです。
ごご びょういんに いきたいです。
かちょうに いいます。

*　　　　*　　　　*

Mori-san wa ima kaisha ni imasu.
Asa kara zutto me ga itai desu.
Gogo byōin ni ikitai desu.
Kachō ni iimasu.

Grammar

1. *~ wa ~ ga itai desu*

The sentence structure of *itai desu* is "*~ wa ~ ga itai desu.*"

	Body Parts		
Watashi wa	*atama ga*	*itai desu.*	lit., As for me, head hurts.
	onaka ga		lit., As for me, stomach hurts.
	ha ga		lit., As for me, tooth hurts.

Wa marks the person who feels the pain, and *ga* marks the part of his/her body that hurts. Sentences such as below are not used in Japanese.

✗ *Watashi <u>no</u> atama wa itai desu.*	My head hurts.
✗ *Watashi <u>no</u> me wa itai desu.*	My eyes hurt.

Itai (painful; hurt) is an *i*-adjective. Review its conjugation.

Aff.	(Present)	*ita i*	*desu*	it hurts (it is painful)
	(Past)	*ita katta*	*desu*	it hurt (it was painful)
Neg.	(Present)	*ita ku nai*	*desu*	it doesn't hurt (it is not painful)
	(Past)	*ita ku nakatta*	*desu*	it didn't hurt (it was not painful)

2. *~mashō ka* (Shall I ~?)

When offering to do something for someone, use *~mashō ka* to express "Shall I~?"

Kusuri o	*motte ki mashō ka.*	Shall I bring some medicine for you?
Eakon o	*tsuke mashō ka.*	Shall I turn on the air conditioner for you?
Takushī o	*yobi mashō ka.*	Shall I call a taxi?

Examples for the response:

Onegai shimasu.	Yes, please.
Arigatō gozaimasu. Demo daijōbu desu.	Thank you, but it's okay.

3. *-n-desu*

-n-desu is commonly used for emphasis when the speaker explains his/her situation.

Isha: *Dō shimashita ka.*	**Doctor**: What's the matter? [*Matter-of-the-fact question*]
Kanja: *Atama ga itai desu.*	**Patient**: I have a headache. [*Simple statement*]
A-san: *Dō shita-n-desu ka.*	**A**: What's the matter? [*Showing concern*]
B-san: *Atama ga itai-n-desu.*	**B**: I have a headache. [*Implies: I hope you understand; I need your help; I need relief.*]

-n-desu basically implies that the speaker expects the listener's understanding. Be careful not to overuse *-n-desu*; use just *~ desu* if you do not intend to imply anything.

-n-desu is also often used as *-n-desu ga . . .* to make a request politely.

Sumimasen, ashita kaisha o yasumitai-n-desu ga . . .	Excuse me, but I would like to take the day off tomorrow. [*Implies:* if possible; sorry about that, etc.]

4. Usage of *kinō wa sumimasendeshita*

Many Japanese say "*Kinō wa sumimasendeshita*" at the office after having taken off the day before. It means nearly the same as "*Arigatō gozaimashita*" (Thank you very much). Even when you think that you did not cause any trouble by getting a day off and that you don't have to apologize, you should say this phrase anyway to maintain a good relationship with your co-workers. In the same way, when returning to work after taking a sick day, Japanese often say "*Okagesamade, mō daijōbu desu*" (Thanks to you, I got well.), even though their co-workers did not actually take care of them.

Vocabulary

Verbs

T1	もってきます	*motte kimasu*	bring (something)
	つけます	*tsukemasu*	turn on
	けします	*keshimasu*	turn off
T2	よびます	*yobimasu*	call
T3	くすりを のみます	*kusuri o nomimasu*	take medicine
FT	やすみます	*yasumimasu*	be absent; take a day off
	いいます	*iimasu*	say; tell

Nouns

W	め	*me*	eye
	くち	*kuchi*	mouth
	はな	*hana*	nose
	は	*ha*	tooth
	みみ	*mimi*	ear
	あたま	*atama*	head
	むね	*mune*	chest; heart
	おなか	*onaka*	stomach; belly
	て	*te*	hand
	あし	*ashi*	foot; leg
	こし	*koshi*	lower back; hip
	ねつ	*netsu*	fever

*Body parts → See Glossary 20.
*Symptoms → See Glossary 21.

T1	くすり	*kusuri*	medicine
	エアコン	*eakon*	air conditioner
T2	けさ	*kesa*	this morning
	おととい	*ototoi*	the day before yesterday

T3	かぜぐすり	*kaze-gusuri*	cold medicine
	いちにち	*ichi-nichi*	a day
	〜かい	*-kai*	~ times
	2かい	*ni-kai*	twice
	ひとつ	*hitotsu*	one (thing)
	ふたつ	*futatsu*	two (things)
	みっつ	*mittsu*	three (things)

*Counters → See Glossary 8.

	（〜の）まえ	*(~ no) mae*	before ~
	ごはんの まえ	*gohan no mae*	before meals
	（〜の）あと	*(~ no) ato*	after ~
	ごはんの あと	*gohan no ato*	after meals
T4	カラオケ	*karaoke*	karaoke
	サイクリング	*saikuringu*	cycling
FT	せんせい	*sensei*	teacher; instructor
	かちょう	*kachō*	section manager
	つぎの ひ	*tsugi no hi*	next day

Adjectives

W	いたい	*itai*	painful
T1	さむい	*samui*	cold
	あつい	*atsui*	hot
	うるさい	*urusai*	noisy; loud

Adverbs

T2	すごく	*sugoku*	extremely
	ずっと	*zutto*	continuously; all the time

Interrogatives

T3	なんかい	*nan-kai*	how many times
	いくつ	*ikutsu*	how many things

Expressions

W	ねつが あります。	*Netsu ga arimasu.*	I have a fever.
T1	どう したんですか。	*Dō shita-n-desu ka.*	What is the matter?
T2	がまん できません。	*Gaman dekimasen.*	I cannot stand it.
FT	おだいじに。	*Odaijini.*	I hope you will get well soon.
	おかげさまで。	*Okagesamade.*	Thanks to you.
	もう だいじょうぶです。	*Mō daijōbu desu.*	I am okay now.

Unit 12
わたしの そだった まち

Watashi no sodatta machi (My hometown)

- Describing a map of your hometown
- Asking directions
- Expressing "maybe"

→Strategies:	18. Signs in Town
→Glossary:	17. Position / Direction
	18. Towns
	19. Nature

Key Sentences 🔊 12-1

1
Q: *"3" wa doko desu ka.*
A: *Tabun, hako no naka desu.*

Q: Where is "3"?
A: Maybe it is inside the box.

2
Q: *Hako no ue ni nani ga arimasu ka.*
A: *"2" ga arimasu.*

Q: What is on the box?
A: "2" is on it.

3
Q: *Nichi-yōbi ni uchi de pātī o shimasu.*
   Kimasen ka?
A: *Arigatō. Ikitai desu.*
   Mori-san no otaku wa doko desu ka.
   Chizu o kaite kudasai.

Q: I'm having a party at home on Sunday.
   Why don't you come?
A: Thank you. I would love to come.
   Where is Mori-san's house?
   Please draw a map.

4
A: *Nogizaka-eki ni ikitai-n-desu ga . . .*

A: I want to go to Nogizaka Station (but I
   don't know where it is, so please tell me
   how to get there).

B: ●×△■▽●×□...
A: *Sumimasen, dotchi desu ka.*
B: *Atchi desu.*

B: [*Explaining the way there.*]
A: Excuse me, . . . which way is it?
B: It is that way.

5
Machi no kita ni yama ga arimasu.
Yama no ue ni o-tera ga arimasu.
Watashi no uchi wa koko desu.
Kono o-tera no tonari desu.

There are mountains in the north of town.
There is a temple on the mountain.
My house is here.
It is next to this temple.

Words for This Unit

▶ **Directions**

1 Do as the teacher says.

You

Teacher

2 Match the words and pictures. 🔊 **12-2**

Ex. (a) うえ
           ue

(1) (   ) した   **(2)** (   ) みぎ   **(3)** (   ) ひだり
         shita   *migi*   *hidari*

(4) (   ) まえ   **(5)** (   ) うしろ
         mae   *ushiro*

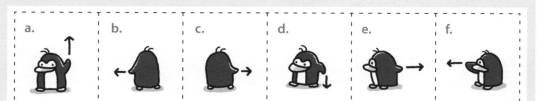

a.   b.   c.   d.   e.   f.

▶ **Positions**

Match the words and pictures. 🔊 **12-3**

(1) (   ) はこの うえ   **(2)** (   ) はこの みぎ
         hako no ue   *hako no migi*

(3) (   ) はこの ひだり   **(4)** (   ) はこの なか
         hako no hidari   *hako no naka*

(5) (   ) はこの した
         hako no shita

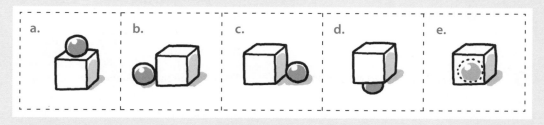

a.   b.   c.   d.   e.

Task 1　「3」は　どこですか　*"3" wa doko desu ka*　(Where is "3"?)

1　Tryout　**Guess where the cards are.**

Ex.　🔊 12-4

Teacher:　「3」は　どこですか。
　　　　　　"3" wa　doko desu ka.

You:　　　たぶん、はこの　まえです。
　　　　　　Tabun,　hako no　mae desu.

Teacher:　ざんねんです*！　ちがいます。
　　　　　　Zan'nen desu!　Chigaimasu.*

You:　　　たぶん、はこの　うしろです。
　　　　　　Tabun,　hako no　ushiro desu.

Teacher:　そうです！　はこの　うしろです。
　　　　　　Sō desu!　Hako no　ushiro desu.

"3" wa . . . ?

∗ *Zan'nen desu!* : Too bad!

2　**Find the number cards in the picture.**

Ex.　「7」は　どこですか。　→　はこの　なかです。
　　　"7" wa　doko desu ka.　　　*Hako no naka desu.*

(1)　「3」は　どこですか。　→　_____
　　　"3" wa　doko desu ka.

(2)　「10」は　どこですか。　→　_____
　　　"10" wa　doko desu ka.

(3)　「9」は　どこですか。　→　_____
　　　"9" wa　doko desu ka.

(4)　「2」は　どこですか。　→　_____
　　　"2" wa　doko desu ka.

なにが　ありますか *Nani ga arimasu ka*　(What's there?)

1 Tryout **Place the cards as instructed. Then, answer to the teacher.**

Teacher: *Hako no ue ni "2" o oite kudasai.*

You

Box

Ex. 🔊 12-5

Teacher: はこの　うえに　なにが　ありますか。
Hako no　ue ni　nani ga　arimasu ka.

You: 「2」が　あります。
"2" ga　arimasu.

2 **Look at the picture and answer the questions.**

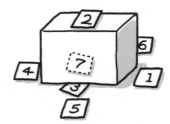

Ex. はこの　なかに　なにが　ありますか。　➜　「7」が　あります。
Hako no naka ni nani ga arimasu ka.　　　*"7" ga　arimasu.*

(1) はこの　うえに　なにが　ありますか。　➜ _____
Hako no ue ni　nani ga arimasu ka.

(2) はこの　みぎに　なにが　ありますか。　➜ _____
Hako no migi ni　nani ga arimasu ka.

(3) はこの　ひだりに　なにが　ありますか。➜ _____
Hako no hidari ni　nani ga arimasu ka.

(4) はこの　まえに　なにが　ありますか。　➜ _____
Hako no mae ni nani ga arimasu ka.

(5) はこの　うしろに　なにが　ありますか。➜ _____
Hako no ushiro ni　nani ga arimasu ka.

(6) はこの　したに　なにが　ありますか。　➜ _____
Hako no shita ni nani ga arimasu ka.

Task 3　ちずを かいてください　*Chizu o kaite kudasai*　(Please draw a map)

Words and Phrases for the Task

▶ Words 🔊 12-6

Ex. (a) まち
machi

(1) ( ) みち
michi

(2) ( ) しんごう
shingō

(3) ( ) かど
kado

(4) ( ) こうさてん
kōsaten

(5) ( ) はし
hashi

(6) ( ) こうばん
kōban

(7) ( ) マンション
manshon

(8) ( ) アパート
apāto

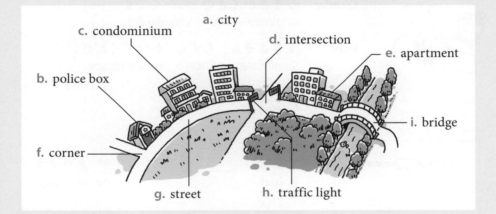

a. city
c. condominium
d. intersection
e. apartment
b. police box
i. bridge
f. corner
g. street
h. traffic light

▶ Phrases 🔊 12-7

(1) ( ) おたくは どこですか。
Otaku wa doko desu ka.

(2) ( ) ちずを かいてください。
Chizu o kaite kudasai.

(3) ( ) こうばんの まえです。
Kōban no mae desu.

(4) ( ) こうばんの うしろです。
Kōban no ushiro desu.

(5) ( ) こうばんの ちかくです。
Kōban no chikaku desu.

(6) ( ) こうばんの となりです。
Kōban no tonari desu.

a. It's near the police box.
b. It's behind the police box.
c. It's next to the police box.
d. It's in front of the police box.
e. Please draw a map.
f. Where is your house?

1 Listen how to get to the teacher's home.

You
Teacher

Koko ni eki ga arimasu . . .

2 Listen how to get to Okada-san's home and fill in the blanks. 🔊 **12-8**

Pen: おかださんの　おたくは　どこですか。
Okada-san no　otaku wa　doko desu ka.

Okada: のぎざかえきの　ちかくです。
Nogizaka-eki no　chikaku desu.

Pen: すみません、ちずを　かいてください。
Sumimasen,　chizu o　kaite kudasai.

Okada: いいですよ。
Ii desu yo.

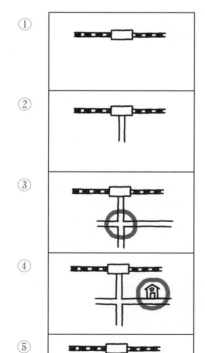

① ここに ① ＿＿＿＿＿＿＿＿ が　あります。
Koko ni　　　　　　　　ga　arimasu.

② ここに ② ＿＿＿＿＿＿＿＿ が　あります。
Koko ni　　　　　　　　ga　arimasu.

③ ここに ③ ＿＿＿＿＿＿＿＿ が　あります。
Koko ni　　　　　　　　ga　arimasu.

④ ここに ④ ＿＿＿＿＿＿＿＿ が　あります。
Koko ni　　　　　　　　ga　arimasu.

⑤ わたしの　うちは　ここです。
Watashi no　uchi wa　koko desu.

この ⑤ ＿＿＿＿＿＿＿＿ の　まえです。
Kono　　　　　　　　no　mae desu.

3 You will have a party at your home. Draw a map and explain how to get your home from the station. (You are A.)

A: にちようびに　うちで　パーティーを　します。　Bさん、きませんか。
Nichi-yōbi ni   uchi de   pātī o   shimasu. B-san,   kimasen ka.

B: ありがとう。　いきたいです。　おたくは　どこですか。
Arigatō.   Ikitai desu.   Otaku wa   doko desu ka.

A: ○○えきの　ちかくです。えきから　〜ふんぐらいです。
○○-eki no   chikaku desu. Eki kara   ~fun gurai desu.

B: すみません、ちずを　かいてください。
Sumimasen,   chizu o   kaite kudasai.

A: わかりました。
Wakarimashita.

ここに　えきが　あります。
Koko ni   eki ga   arimasu.

ここに ＿＿＿＿＿＿＿＿ が　あります。
Koko ni   ga arimasu.

ここに ＿＿＿＿＿＿＿＿ が　あります。
Koko ni   ga arimasu.

ここに ＿＿＿＿＿＿＿＿ が　あります。
Koko ni   ga arimasu.

わたしの　うちは　ここです。
Watashi no uchi wa koko desu.

この ＿＿＿＿＿＿＿＿ の ＿＿＿＿＿＿＿＿ です。
Kono   no   desu.

Map

■ **Facilities / Buildings / Shops**

たいしかん	taishikan	embassy	ホテル	hoteru	hotel
やくしょ	yakusho	government office	バスてい	basu-tei	bus stop
しょうぼうしょ	shōbō-sho	fire station	ちゅうしゃじょう	chūshajō	parking lot
けいさつしょ	keisatsu-sho	police station	こうそくどうろ	kōsoku dōro	freeway
だいがく	daigaku	university	(お)てら	(o-)tera	temple
ようちえん	yōchien	kindergarten	じんじゃ	jinja	shrine
としょかん	toshokan	library	きょうかい	kyōkai	church
びじゅつかん	bijutsukan	art museum	コンビニ	konbini	convenience store
とこや	tokoya	barber shop	くすりや	kusuri-ya	pharmacy
びよういん	biyōin	hair dresser	ほんや	hon-ya	book store
ガソリンスタンド	gasorin sutando	gas station	はなや	hana-ya	flower shop

えきに いきたいんですが… *Eki ni ikitai-n-desu ga . . .*
(I would like to go to the station, but . . .)

Phrases for the Task 🔊 12-9

- えきに いきたいんですが……
  Eki ni ikitai-n-desu ga . . .
  (I would like to go to station, but . . .
  [I don't know how to get there.])

- どっちですか。
  Dotchi desu ka.
  (Which way [is it]?)

- いま、どこですか。
  Ima, doko desu ka.
  (Where are we now? [*showing a map*])

- ちかいですか。
  Chikai desu ka.
  (Is it near?)

1 Tryout **You've gotten lost on the way to your friend's house.**

2 Review **Complete the conversation.**

1 You: すみません。① _____
Sumimasen. (I would like to go to Nogizaka Station, but . . .)

2 Passer-by: ◆○▲×●□◆×●□、○▲×◇●△×○■◇●。

3 You: [*Showing a map*] ② _____
(Excuse me, where are we now?)

Passer-by: ◆○▲×●□◆×●□▲。○▲×、ここですよ。
koko desu yo.

4 You: ③ _____
(Which way is the station?)

Passer-by: あっちです。
Atchi desu.

5 You: ④ _____
(Is it near [here]?)

Passer-by: ええ、ちかいですよ。
Ee,　chikai desu yo.

6 You: ⑤ _____
(Thank you.)

3 CD Simulation **Have a conversation with the CD.** 🔊 12-10

Task 5 ▶ うちは　どこですか *Uchi wa doko desu ka* (Where is his/her house?)

Words for the Task 🔊 12-11

Ex. ▶ (a) うみ
umi

(1) ( ) やま
yama

(2) ( ) かわ
kawa

(3) ( ) ビーチ
bīchi

(4) ( ) もり
mori

(5) ( ) だいがく
daigaku

(6) ( ) (お)てら
(o-)tera

(7) ( ) ひがし
higashi

(8) ( ) にし
nishi

(9) ( ) きた
kita

(10) ( ) みなみ
minami

(11) ( ) まんなか
man'naka

a. sea; ocean   b. beach   c. river   d. mountain
e. forest   f. (Buddhist) temple   g. university; college   h. north
i. south   j. east   k. west   l. center

Look at the pictures and answer the questions.

- **Picture A**

   (1) まちの　まんなかに　なにが　ありますか。
   Machi no man'naka ni　nani ga　arimasu ka.

   (2) まちの　きたに　なにが　ありますか。
   Machi no kita ni　nani ga　arimasu ka.

   (3) まちの　みなみに　なにが　ありますか。
   Machi no minami ni　nani ga　arimasu ka.

   (4) まちの　ひがしに　なにが　ありますか。
   Machi no higashi ni　nani ga　arimasu ka.

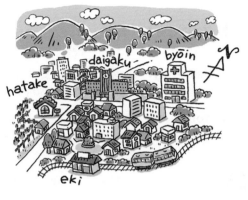

   (5) まちの　にしに　なにが　ありますか。
   Machi no nishi ni　nani ga　arimasu ka.

   (6) もりさんの　うちは　どこですか。
   Mori-san no　uchi wa　doko desu ka.

- **Picture B**

   (1) やまの　うえに　なにが　ありますか。
   Yama no ue ni　nani ga　arimasu ka.

   (2) もりの　なかに　なにが　ありますか。
   Mori no　naka ni　nani ga　arimasu ka.

   (3) かわの　ちかくに　なにが　ありますか。
   Kawa no chikaku ni　nani ga　arimasu ka.

   (4) うみの　ちかくに　なにが　ありますか。
   Umi no　chikaku ni　nani ga　arimasu ka.

   (5) ペンさんの　うちは　どこですか。
   Pen-san no　uchi wa　doko desu ka.

Final Task　わたしの　そだった　まち　*Watashi no sodatta machi* (My hometown)

Make a presentation to explain your hometown.

1　Listen to the presentation and answer the questions.　🔊 **12-12**

(1) おかださんの　そだった　まちは　どこですか。
Okada-san no　sodatta　machi wa doko desu ka.

(2) まちの　まんなかに　なにが　ありますか。
Machi no man'naka ni　nani ga　arimasu ka.

(3) えきの　ちかくに　なにが　ありますか。
Eki no　chikaku ni　nani ga　arimasu ka.

(4) やまの　うえに　どんな　おてらが　ありますか。
Yama no ue ni　don'na　o-tera ga　arimasu ka.

(5) おかださんは　よく　うみで　なにを　しましたか。
Okada-san wa　yoku　umi de　nani o　shimashita ka.

(6) おかださんの　うちは　どこですか。
Okada-san no　uchi wa　doko desu ka.

2 **Read the presentation you heard in 1.**

1 わたしの そだった まちは かまくらです。 これは かまくらの ちずです。

まちの まんなかに かまくらえきが あります。

えきの ちかくに みせや レストランが たくさん あります。

とても にぎやかです。

5 まちの きたに やまが あります。

やまの うえに ふるい おてらが あります。とても しずかな おてらです。

まちの みなみに うみが あります。わたしは うみで よく かのじょと

デートを しました。 なつかしいです。

うみの ちかくに こうえんが あります。 わたしの うちは ここです。

10 この こうえんの となりです。

*   *   *

1 *Watashi no sodatta machi wa Kamakura desu. Kore wa Kamakura no chizu desu.*

Machi no man'naka ni Kamakura-eki ga arimasu.

Eki no chikaku ni mise ya resutoran ga takusan arimasu.

Totemo nigiyaka desu.

5 *Machi no kita ni yama ga arimasu.*

Yama no ue ni furui o-tera ga arimasu. Totemo shizukana o-tera desu.

Machi no minami ni umi ga arimasu. Watashi wa umi de yoku kanojo to

dēto o shimashita. Natsukashii desu.

Umi no chikaku ni kōen ga arimasu. Watashi no uchi wa koko desu.

10 *Kono kōen no tonari desu.*

3 Draw a map of your hometown and explain it.

→ See Glossary 17, 18 and 19.

Map

```
┌ ─ ─ ─ ─ ─ ─ ─ ─ ─ ─ ─ ─ ─ ─ ─ ─ ─ ─ ─ ─ ─ ─ ─ ─ ─ ─ ┐
│                                                      │
│                                                      │
│                                                      │
│                                                      │
│                                                      │
│                                                      │
│                                                      │
│                                                      │
│                                                      │
└ ─ ─ ─ ─ ─ ─ ─ ─ ─ ─ ─ ─ ─ ─ ─ ─ ─ ─ ─ ─ ─ ─ ─ ─ ─ ─ ┘
```

わたしの　そだった　まちは ＿＿＿＿＿＿＿＿＿＿＿＿＿＿ です。
Watashi no sodatta   machi wa   *desu.*

これは ＿＿＿＿＿＿＿＿＿＿＿ の　ちずです。
Kore wa   *no   chizu desu.*

まちの　まんなかに ＿＿＿＿＿＿＿＿＿＿＿＿＿＿＿＿＿＿
Machi no man'naka ni

＿＿＿＿＿＿＿＿＿＿＿＿＿＿＿＿＿＿＿＿＿＿＿＿＿＿＿＿

＿＿＿＿＿＿＿＿＿＿＿＿＿＿＿＿＿＿＿＿＿＿＿＿＿＿＿＿

＿＿＿＿＿＿＿＿＿＿＿＿＿＿＿＿＿＿＿＿＿＿＿＿＿＿＿＿

＿＿＿＿＿＿＿＿＿＿＿＿＿＿＿＿＿＿＿＿＿＿＿＿＿＿＿＿

わたしの　うちは　ここです。 ＿＿＿＿＿＿＿＿＿＿＿＿＿
Watashi no uchi wa   koko desu.

1. ~ *ni* ~ *ga arimasu* (Existence verb)

Arimasu is one of the verbs of existence and expresses the existence of inanimate things, like books, bags, department stores, etc. (for animate things, see Grammar 1 in Unit 6). When describing a layout, such as when drawing a map or describing your hometown, use "[location] *ni* ~ *ga arimasu.*" Note that the particle that comes before *arimasu* is always *ga*, not *wa*, in this pattern.

Location			
Koko ni	*kōban* ga	*arimasu.*	lit., Here, there is a police box.
Yama no ue ni	*hoteru* ga	*arimasu.*	lit., On the mountain, there is a hotel.
Asoko ni	*nani* ga	*arimasu* ka.	What is over there?

When asking where something is, use "~ *wa doko desu ka.*" (See Grammar 2 in Unit 4.)

Q: *Byōin* wa	*doko* desu *ka.*	**Q:** Where is the hospital?
A: *(Byōin* wa)	**asoko** *desu.*	**A:** The hospital is over there.

2. *Kono / Sono / Ano / Dono*

kono	*kōban*	this police box
sono	*chizu*	that map (near the listener)
ano	*yama*	that mountain over there
dono	*daigaku*	which university (among many)

Remember that when talking about a place, *koko* (here), *soko* (there), and *asoko* (over there) are used. Do not say *kono tokoro* (this place), *sono tokoro* (that place), etc.

3. *Yo* at the end of a sentence

Yo at the end of a sentence implies that the speaker's intention is to give new information to the listener or to correct the listener's misunderstanding.

Ashita wa yasumi desu.	Tomorrow is a holiday. [*statement*]
Ashita wa yasumi desu yo.	Tomorrow is a holiday, you know? [*Implies:* the speaker assumes that the listener thinks tomorrow is not a holiday.]
Kaigi wa 3-ji kara desu.	The meeting starts at three. [*statement*].
Kaigi wa 3-ji kara desu yo.	The meeting starts at three, you know? [*Implies:* the speaker assumes that the listener doesn't know the meeting starts at three.]

4. *Tabun* (maybe; probably)

When you are not sure about something, you can use *tabun* to express uncertainty.

Tabun hako no naka desu.	Maybe it is inside the box.
Tabun takai desu.	Maybe it is expensive.
Tabun ikimasu.	Maybe I will go.
Tabun Nihon-jin desu.	Maybe he/she is Japanese.

5. Useful expressions for asking directions

~ *ni ikitai-n-desu ga . . .*

"*~ ni ikitai desu*" simply expresses the speaker's desire to go to some place, whereas "*~ ni ikitai-n-desu ga . . .*" implies that he/she is asking for information on how to get there (see Grammar 3 in Unit 11).

Nogizaka-eki ni ikitai desu.	I want to go to Nogizaka Station. [*statement*]
Nogizaka-eki ni ikitai-n-desu ga . . .	I want to go to Nogizaka Station, but [*Implies:* I don't know where it is, so please tell me how to get there.]

Ima, doko desu ka.

When you are lost but have a map, ask someone the following question while showing the map to him/her.

Q: *Ima, doko desu ka.*	**Q:** Where are we right now? [*showing a map*]
A: *Koko desu.*	**A:** We are here. [*pointing to a location on the map*]

Dotchi desu ka.

Dotchi desu ka will elicit a simpler response than *Doko desu ka.*

Q: *Dotchi desu ka.*	**Q:** Which way?
A1: *Kotchi desu.*	**A1:** This way. (behind me)
A2: *Sotchi desu.*	**A2:** That way. (behind you)
A3: *Atchi desu.*	**A3:** That way. (away from both of us)

Nouns

W	うえ	*ue*	up; on; above; over
	した	*shita*	down; below; beneath
	みぎ	*migi*	right
	ひだり	*hidari*	left
	まえ	*mae*	front
	うしろ	*ushiro*	behind; back
	なか	*naka*	in; inside
	はこ	*hako*	box
T1	ベッド	*beddo*	bed
	はな	*hana*	flower
T3	まち	*machi*	town; city
	みち	*michi*	street; road
	しんごう	*shingō*	traffic light
	かど	*kado*	corner
	こうさてん	*kōsaten*	intersection; crossing
	はし	*hashi*	bridge
	こうばん	*kōban*	police box
	マンション	*manshon*	condominium
	アパート	*apāto*	apartment
	おたく	*otaku*	home; residence [*polite*]
	ちず	*chizu*	map
	ちかく	*chikaku*	near
	となり	*tonari*	next to
	この〜	*kono ~*	this [+ *noun*]
	この おてら	*kono o-tera*	this temple

T4	のぎざか	*Nogizaka*	[*place name*]
	あっち	*atchi*	that way
	こっち	*kotchi*	this way
	そっち	*sotchi*	that way
T5	うみ	*umi*	sea; ocean
	やま	*yama*	mountain
	かわ	*kawa*	river
	ビーチ	*bīchi*	beach
	もり	*mori*	forest
	だいがく	*daigaku*	university; college
	（お）てら	*(o-)tera*	(Buddhist) temple
	はたけ	*hatake*	(vegetable) field
	ホテル	*hoteru*	hotel
	たいしかん	*taishikan*	embassy
	ひがし	*higashi*	east
	にし	*nishi*	west
	きた	*kita*	north
	みなみ	*minami*	south
	まんなか	*man'naka*	center
FT	かまくら	*Kamakura*	[*place name*]

Adjectives

T4	ちかい	*chikai*	near; close
FT	なつかしい	*natsukashii*	nostalgic

Adverb

T1	たぶん	*tabun*	maybe; probably

Interrogative

T4	どっち	*dotchi*	which way

Expressions

T3 ちずを かいてください。	*Chizu o kaite kudasai.*	Please draw a map.
FT わたしの そだった まちは 〜です。	*Watashi no sodatta machi wa ~ desu.*	My hometown is ~. [lit., The town where I grew up is ~.]

Scripts   CD スクリプト

These scripts are passages recorded in the accompanying MP3 CD but their scripts are not included in the text.

Unit 1

Task 3 ●01-5 (p. 4)

Ex.〉 *Nihon / Nihon-jin / Nihon-go*

(1) *Doitsu / Doitsu-jin / Doitsu-go*

(2) *Roshia / Roshia-jin / Roshia-go*

(3) *Chūgoku / Chūgoku-jin / Chūgoku-go*

(4) *Igirisu / Igirisu-jin / Eigo*

(5) *Ōsutoraria / Ōsutoraria-jin / Eigo*

(6) *Amerika / Amerika-jin / Eigo*

(7) *Burajiru / Burajiru-jin / Porutogaru-go*

Task 5 ■1 ●01-9 (p. 6)

Ex.〉 *Hajimemashite. Pauro desu. Burajiru kara kimashita. Ichi-gatsu ni kimashita. Kaisha-in desu. Dōzo yoroshiku.*

(1) *Hajimemashite. Sumisu desu. Amerika kara kimashita. Jūni-gatsu ni kimashita. Ginkō-in desu. Dōzo yoroshiku.*

(2) *Hajimemashite. Tan desu. Chūgoku kara kimashita. Ni-nen mae ni kimashita. Shufu desu. Dōzo yoroshiku.*

Task 6 ■2 ●01-11 (p. 7)

(1) **Stranger:** ○■△×□.◆○▲×●□▼○■△.
O-kuni □◆○▲×●□▼.

Pen: *Chiri desu.*

(2) **Stranger:** △×□◆○▲×●□▼○■△×.
Itsu Nihon ni ◆○▲×●□▼○▲.

Pen: *Ichi-gatsu desu.*

(3) **Stranger:** *Nihon wa dō desu ka.* ■△×□◆○▲.

Pen: *Suki desu.*

(4) **Stranger:** *O-namae* ◆○▲×●□▼○▲×■.
O-namae ○■△×□◆○▲×●□.

Pen: *Pen desu.*

(5) **Stranger:** ■△×□◆○▲×●□▼□◆○×●.
O-shigoto ●□▼○■△×□◆○▲.

Pen: *Kaisha-in desu.*

Unit 2

Task 2 ●02-5 (p. 17)

Ex.〉 **You:** *Nan desu ka.*   **Teacher:** *Kaban desu.*

(1) **You:** *Nan desu ka.*   **Teacher:** *Kagi desu.*

(2) **You:** *Nan desu ka.*   **Teacher:** *Kutsu desu.*

(3) **You:** *Nan desu ka.*   **Teacher:** *Saifu desu.*

(4) **You:** *Nan desu ka.*   **Teacher:** *Hon desu.*

(5) **You:** *Nan desu ka.*   **Teacher:** *Tokei desu.*

(6) **You:** *Nan desu ka.*   **Teacher:** *Keitai desu.*

(7) **You:** *Nan desu ka.*   **Teacher:** *Shinbun desu.*

(8) **You:** *Nan desu ka.*   **Teacher:** *Jitensha desu.*

(9) **You:** *Nan desu ka.*   **Teacher:** *Pasokon desu.*

(10) **You:** *Nan desu ka.*   **Teacher:** *O-kane desu.*

Unit 3

Task 4 ■1

A ●03-10 (p. 30)

Ex.〉 *Nihon-go no kurasu wa, shichi-ji han kara hachi-ji han made desu.*

• *Shigoto wa ku-ji kara go-ji made desu.*

• *Hiru-yasumi wa jūni-ji kara ichi-ji made desu.*

• *Kaigi wa ni-ji kara go-ji made desu.*

• *Pātī wa roku-ji kara hachi-ji made desu.*

• *Dēto wa hachi-ji kara desu.*

B ●03-11 (p. 30)

• *Asa-gohan wa shichi-ji kara hachi-ji made desu.*

• *Sentaku wa ku-ji kara jū-ji made desu.*

• *Sōji wa jūichi-ji kara jūni-ji made desu.*

• *Hiru-gohan wa jūni-ji han kara ichi-ji han made desu.*

• *Kaimono wa yo-ji kara go-ji made desu.*

• *Ban-gohan wa roku-ji han kara shichi-ji han made desu.*

Unit 4

Task 1 ■2 ●04-5 (p. 42)

Ex.〉 **Q:** *Ikura desu ka.*   **A:** *Ichiman-en desu.*

(1) **Q:** *Ikura desu ka.*   **A:** *Gosen-en desu.*

(2) **Q:** *Ikura desu ka.*   **A:** *Go-en desu.*

(3) **Q:** *Ikura desu ka.*   **A:** *Hyaku-en desu.*

(4) **Q:** *Ikura desu ka.*   **A:** *Jū-en desu.*

(5) **Q:** *Ikura desu ka.*   **A:** *Gohyaku-en desu.*

(6) **Q:** *Ikura desu ka.*   **A:** *Gojū-en desu.*

(7) **Q:** *Ikura desu ka.*   **A:** *Sen-en desu.*

(8) **Q:** *Ikura desu ka.*   **A:** *Ichi-en desu.*

Unit 5

Task 3 ●05-4 (p. 52)

Ex.〉 *Pen-san wa / ashita / kaisha ni / ikimasu.*

(1) *Pen-san wa / ashita / ginkō ni / ikimasu.*

(2) *Pen-san wa / ashita / depāto ni / ikimasu. / Tomodachi to / ikimasu.*

(3) *Pen-san wa / kinō / tomodachi no uchi ni / ikimashita. / Takushī de / ikimashita.*

(4) *Pen-san wa / kinō / doko ni / ikimashita ka.*

(5) *Pen-san wa / kinō / uchi ni / kaerimashita.*

Final Task 1

A *Pen-san* • 05-6 (p. 54)

Watashi wa natsu-yasumi ni Okinawa ni ikimasu. Tomodachi to ikimasu. Hikōki de ikimasu. Uchi kara 3-jikan han gurai desu.

B *Tanaka-san* • 05-7 (p. 54)

Watashi wa gōruden-wīku ni Kyōto ni ikimasu. Kanojo to ikimasu. Shinkansen de ikimasu. Uchi kara 3-jikan gurai desu..

Unit 6

Task 2 1

(Case 1) • 06-4 (p. 61)

Staff: ○■△×□◆○▲×●□▼○■△×□.

Pen: *Moshi moshi, Pen desu. Mori-san onegai shimasu.*

Staff: ▲×●□▼. ■△×□◆○▲×●□▼○■, ○■△×□◆○▲×●□▼○■△.

Pen: *Sumimasen. Wakarimasen.*

Staff: △×□◆○▲×●□▼.

Pen: *Sumimasen. Mori-san wa imasu ka, imasen ka.*

Staff: *Imasu. Shōshō o-machi kudasai.*

Pen: *Wakarimashita.*

(Case 2) • 06-5 (p. 61)

Staff: ◆○▲×●□▼○■△×□◆○▲×□◆.

Pen: *Moshi moshi, Pen desu. Mori-san onegai shimasu.*

Staff: ×□◆○▲. ■△×□◆○▲×●.

Pen: *Sumimasen. Wakarimasen.*

Staff: ○■△×□◆○▲×●□▼○■△▼.

Pen: *Sumimasen. Mori-san wa imasu ka, imasen ka.*

Staff: *Imasu. Demo,* ■△×□◆○▲×●□▼. ○■△×□◆○▲×●□▼○■.

Pen: *Mata denwa o shimasu. Shitsurei shimasu.*

(Case 3) • 06-6 (p. 61)

Staff: ○▲×●□▼○■△×□◆○▲.

Pen: *Moshi moshi, Pen desu. Mori-san onegai shimasu.*

Staff: ●□▼○■△×□. ◆○▲×●□▼○■△.

Pen: *Sumimasen. Wakarimasen.*

Staff: ×□◆○▲×●□○■. ○▲×●□▼○■.

Pen: *Sumimasen. Mori-san wa imasu ka, imasen ka.*

Staff: ◆○▲×●□▼○■△. *Imasen.* ○■△×□ △×□◆○▲×●.

Pen: *Mata denwa o shimasu. Shitsurei shimasu.*

Task 2 3 (p. 62)

(Case 1) • 06-7 (Same as 06-4.)

(Case 2) • 06-8 (Same as 06-5.)

(Case 3) • 06-9 (Same as 06-6.)

Task 2 4 • 06-10 (p. 62) (Same as 06-5.)

Task 3 1

Ex. • 06-12 (p. 63)

Pen: *Sumimasen. Mori-san wa imasu ka, imasen ka.*

Staff: ■△×□◆○▲×●□. ○■△× *imasen.* ○■△×□◆○▲×●□▼○■△.

Pen: *Ja, itsu sochira ni . . . ?*

Staff: *Ashita* ●□▼○■△×□◆○▲×●△×□◆.

Pen: *Ashita desu ne? Nan-ji goro desu ka.*

Staff: ◆○▲×●△ *3-ji goro* ○■△×□.

Pen: *3-ji goro desu ne? Wakarimashita. Mata denwa o shimasu. Shitsurei shimasu.*

(1) • 06-13 (p. 63)

Pen: *Sumimasen. Mori-san wa imasu ka, imasen ka.*

Staff: △×□◆○▲×●□▼○. ■△×□ *imasen.* ○■△×□◆○▲×.

Pen: *Ja, itsu sochira ni . . . ?*

Staff: *Konshū no kin-yōbi* ×□◆○▲×●□▼○■.

Pen: *Konshū, kin-yōbi desu ne? Nan-ji goro desu ka.*

Staff: *9-ji goro* ◆○▲×●□▼○▲.

Pen: *9-ji goro desu ne? Wakarimashita. Mata denwa o shimasu. Shitsurei shimasu.*

(2) • 06-14 (p. 63)

Pen: *Sumimasen. Mori-san wa imasu ka, imasen ka.*

Staff: ○■△×□◆○▲×●□. ■△×□ *imasen.* ●□×△■△×□◆.

Pen: *Ja, itsu sochira ni . . . ?*

Staff: *Raishū no getsu-yōbi,* ◆○▲×●□▼◆○.

Pen: *Raishū, getsu-yōbi desu ne? Nan-ji goro desu ka.*

Staff: ▲✕●□▼○ *1-ji han* ■△✕□◆○▲.

Pen: *1-ji han desu ne? Wakarimashita. Mata denwa o shimasu. Shitsurei shimasu.*

Task 3 4 • 06-16 (p. 64) (Same as 06-13.)

Unit 7

Task 2 • 07-4 (p. 76)

Ex. *Tanaka-san wa / ban-gohan o / tabemasu.*

(1) *Resutoran de / tabemasu.*

(2) *Kazoku to / tabemasu.*

(3) *Pauro-san wa / bīru o / nomimasu.*

(4) *Izakaya de / nomimasu.*

(5) *Tomodachi to / nomimasu.*

(6) *Tanaka-san wa / gohan to / sakana to / furūtsu o / tabemasu.*

(7) *Pauro-san wa / wain ya / bīru o / nomimasu.*

(8) *Tanaka-san wa / nanimo / nomimasen.*

Unit 8

Task 1 • 08-3 (p. 87)

Ex. *Pen-san wa / tokidoki / eiga o / mimasu. / Eigakan de / mimasu.*

(1) *Okada-san wa / mainichi / shigoto o / shimasu. / Kaisha de / shigoto o / shimasu.*

(2) *Tanaka-san wa / maiban / hon o / yomimasu. / Heya de / yomimasu.*

(3) *Tanaka-san wa / shūmatsu / ongaku o / kikimasu. / Tomodachi to / kikimasu. / Heya de / kikimasu.*

Unit 9

Task 1 2

(1) ***Tan-san no saifu*** • 09-4 (p. 97)

A: *Tan-san, sore, kirei desu ne!*

B: *Sō desu ka? Dōmo arigatō.*

A: *Nihon no desu ka.*

B: *Wakarimasen. Purezento desu.*

A: *Hee. Ii desu ne. Totemo kirei desu.*

(2) ***Mori-san no kaban*** • 09-5 (p. 97)

A: *Mori-san, sore, kawaii desu ne!*

B: *Sō desu ka? Dōmo arigatō.*

A: *Doko no desu ka.*

B: *Nihon no desu. Shibuya de kaimashita.*

A: *Hee. Ii desu ne. Totemo kawaii desu.*

(3) ***Pen-san no keitai*** • 09-6 (p. 97)

A: *Pen-san, sore, kakkoii desu ne!*

B: *Arigatō gozaimasu.*

A: *Atarashii desu ka.*

B: *Hai.*

A: *Chotto ii desu ka.*

B: *Dōzo.*

A: *Karui desu ne!*

B: *Hai, totemo karui desu.*

A: *Sumimasen. Ano . . . ikura desu ka.*

B: *100-en desu.*

A: *Eeh? 100-en? Yasui desu ne!*

(4) ***Pen-san no kutsu*** • 09-7 (p. 97)

A: *Pen-san, sore, omoshiroi desu ne!*

B: *Sō desu ka? Dōmo arigatō.*

A: *Doko no desu ka.*

B: *Nihon no desu. Akihabara de kaimashita.*

A: *Hee. Omoshiroi desu ne. Sumimasen. Ano . . . Ikura desu ka.*

B: *90000-en desu.*

A: *Eeh? 90000-en? Ta . . . takai desu ne!*

Unit 10

Task 3 1

(Story 1) • 10-7 (p. 115)

Kinō no asa, Pauro-san wa shawā o abimashita. Soshite, sūpā ni ikimashita. Kasa o kaimashita. 800-en deshita.

Gogo, kōen de sanpo o shimashita. Sanpo wa tanoshikatta desu.

(Story 2) • 10-8 (p. 115)

Nichi-yōbi no asa, Pen-san wa repōto o kakimashita. Repōto wa muzukashikatta desu. Gogo, Mori-san ni aimashita. Soshite, isshoni ginza ni ikimashita.

Yoru, mēru o chekku shimashita.

(Story 3) • 10-9 (p. 115)

Nichi-yōbi no asa, Tanaka-san wa kōen de jogingu o shimashita. Tsukaremashita. Kazoku to dōbutsuen ni ikimashita. Takusan shashin o torimashita. Dōbutsuen wa tanoshikatta desu.

Yoru, ban-gohan o tsukurimashita. Ban-gohan wa oishikatta desu.

Task 5

A ***Sumisu-san no nikki*** • 10-12 (p. 117)

4-gatsu 29-nichi do-yōbi

 asa

6-ji ni okimashita. Jogingu o shimashita. Soshite, shawā o abimashita. Kyō kara kaisha wa 1-shūkan yasumi desu. Gōruden-wīku desu.

 gogo

Ginza ni ikimashita. Ginza no depāto de kutsu o kaimashita. Ginza wa totemo nigiyaka deshita.

yūgata

Tomodachi ni aimashita. Tomodachi to sushi-ya ni ikimashita. Demo, sushi-ya wa yasumi deshita. Sushi o tabemasendeshita.

yoru

Tomodachi to uchi de eiga o mimashita. Eiga wa omoshirokatta desu. Kyō wa totemo tanoshikatta desu.

B ***Tan-san no nikki*** • 10-13 (p. 118)

5-gatsu itsuka kin-yōbi (Kodomo no hi)

 asa

Kyō wa "kodomo no hi" deshita. 6-ji goro okimashita. O-bentō o tsukurimashita. Soshite, kazoku to dōbutsuen ni ikimashita. Dōbutsuen wa totemo nigiyaka deshita.

 gogo

O-bentō o tabemashita. O-bentō wa totemo oishikatta desu. Soshite, takusan shashin o torimashita.

yūgata

6-ji goro uchi ni kaerimashita. Ban-gohan o tsukurimashita.

yoru

Ban-gohan o tabemashita. Soshite, sentaku o shimashita. Kyō wa isogashikatta desu. Tsukaremashita.

Index さくいん

Index

かなカナドリル

Kana-kana Drills

The Japanese Writing System: *Hiragana*, *Katakana* and *Kanji*

There are three types of scripts in Japanese: *hiragana*, *katakana* and *kanji*. All three scripts are used together to write Japanese, although for different purposes.

Hiragana and *katakana* are phonetic representations of sounds. *Hiragana* are used for grammatical elements such as particles and the inflectable parts of words. *Katakana* are used to write loanwords, foreign names, and various sounds (the cries of animals, etc.).

Kanji are ideograms, representing meaning in addition to expressing sound, and many of them convey multiple meanings or sounds. This contrasts with *hiragana* and *katakana*, which do not hold meaning in themselves. *Kanji* are used in nouns, verbs, and other content words.

Wain ワイン → katakana
ga が → hiragana
suki 好き → kanji / hiragana
desu. です 。 → hiragana
(I like wine.)

ひらがな

Hiragana Chart

	k	s	t	n	h	m	y	r	w
a	あ	か	さ	た	な	は	ま	や	ら	わ
i	い	き	し※	ち※	に	ひ	み		り	
u	う	く	す	つ※	ぬ	ふ※	む	ゆ	る	
e	え	け	せ	て	ね	へ	め		れ	
o	お	こ	そ	と	の	ほ	も	よ	ろ	を

| **n** | ん |

※ し = *shi*　ち = *chi*　つ = *tsu*　ふ = *fu*

	g	z	d	b	p
a	が	ざ	だ	ば	ぱ
i	ぎ	じ※	ぢ※	び	ぴ
u	ぐ	ず	づ	ぶ	ぷ
e	げ	ぜ	で	べ	ぺ
o	ご	ぞ	ど	ぼ	ぽ

※ じ・ぢ = *ji*　ず・づ = *zu*

や	っ
ゆ	
よ	

ひらがな *Hiragana*（1）　あ-row

1 Listen to the CD and repeat after it. 🔊 **KN-01**

あ *a*	い *i*	う *u*	え *e*	お *o*

2 Write *hiragana* in the right stroke order.

3 Choose the matching character.

❶ *o* （ お　　あ ）

❷ *a* （ お　　あ ）

❸ *u* （ し　　う ）

❹ *i* （ い　　こ ）

❺ *e* （ あ　　え　　い ）

4 Read the following *hiragana*. Afterwards, listen to the CD and repeat after it. 🔊 **KN-02**

❶ あい　　　　❷ え　　　　　❸ い

❹ うえ　　　　❺ いえ　　　　❻ あお

---

4 ❶ love　❷ picture; drawing　❸ stomach　❹ up　❺ house　❻ blue

ひらがな（2）　か -row・が-row

1 Listen to the CD and repeat after it. 🔊 **KN-03**

か ka	き ki	く ku	け ke	こ ko
が ga	ぎ gi	ぐ gu	げ ge	ご go

2 Write *hiragana* in the right stroke order.

3 Choose the matching character.

❶ *ko*　（ い　　こ　　え ）

❷ *ku*　（ し　　く　　う ）

❸ *ke*　（ け　　き　　く ）

❹ *ka*　（ お　　か　　う ）

❺ *ki*　（ え　　こ　　き ）

4 Read the following *hiragana*. Afterwards, listen to the CD and repeat after it. 🔊 **KN-04**

❶ き　　　　　❷ か　　　　　❸ かぎ

❹ いけ　　　　❺ ここ　　　　❻ えき

❼ ごご　　　　❽ かいぎ　　　❾ がいこく

---

4 ❶ tree　❷ mosquito　❸ key　❹ pond　❺ here　❻ station　❼ p.m.　❽ meeting　❾ foreign countries

1 Listen to the CD and repeat after it. 🔊 **KN-05**

さ sa	し shi	す su	せ se	そ so
ざ za	じ ji	ず zu	ぜ ze	ぞ zo

2 Write *hiragana* in the right stroke order.

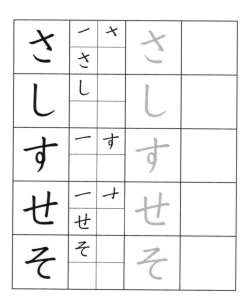

3 Choose the matching character.

❶ *se* （ せ　け　う ）

❷ *sa* （ え　さ　か ）

❸ *su* （ え　す　あ ）

❹ *so* （ す　そ　え　さ ）

❺ *shi* （ い　こ　し ）

4 Read the following *hiragana*. Afterwards, listen to the CD and repeat after it. 🔊 **KN-06**

❶ す

❷ かさ

❸ し

❹ せかい

❺ しお

❻ あさ

❼ かぞく

❽ すし

❾ おかし

---

4 ❶ vinegar ❷ umbrella ❸ poem ❹ world ❺ salt ❻ morning ❼ family ❽ sushi ❾ sweets

ひらがな Review 1

Listen to the CD and draw lines connecting the characters that form each word. 🔊 **KN-07**

1

Ex. house

❶ love

❷ up

❸ blue

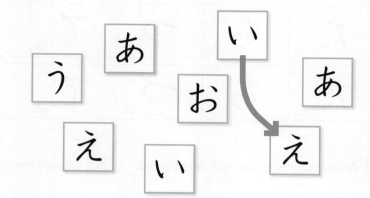

2

❶ station

❷ here

❸ meeting

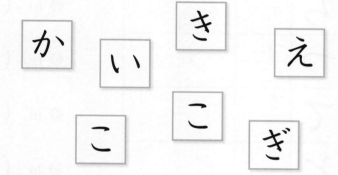

3

❶ sushi

❷ morning

❸ family

ひらがな（4）　た-row・だ-row

1　Listen to the CD and repeat after it.　🔊 **KN-08**

た _ta_	ち _chi_	つ _tsu_	て _te_	と _to_
だ _da_	ぢ _ji_	づ _zu_	で _de_	ど _do_

2　Write _hiragana_ in the right stroke order.

た	一 ナ / た た	た	
ち	一 ち	ち	
つ	つ	つ	
て	て	て	
と	` と	と	

3　Choose the matching character.

❶ _chi_　（ あ　さ　ち ）

❷ _to_　（ ち　そ　と　さ ）

❸ _tsu_　（ つ　く　こ ）

❹ _te_　（ し　て　そ ）

❺ _ta_　（ た　さ　せ ）

4　Read the following _hiragana_. Afterwards, listen to the CD and repeat after it.　🔊 **KN-09**

❶ て

❷ ち

❸ たこ

❹ ちず

❺ つくえ

❻ そと

❼ しごと

❽ だいがく

❾ ちかてつ

---

4 ❶ hand　❷ blood　❸ octopus　❹ map　❺ desk　❻ outside　❼ work; job　❽ university　❾ subway

ひらがな（5） な-row

1 Listen to the CD and repeat after it. 🔊 **KN-10**

な *na*	に *ni*	ぬ *nu*	ね *ne*	の *no*

2 Write *hiragana* in the right stroke order.

3 Choose the matching character.

な	一 ナ / ナ な	な	
に	し に / し に	に	
ぬ	し ぬ	ぬ	
ね	し ね	ね	
の	の	の	

❶ *ni* （ こ　に　い ）

❷ *nu* （ お　あ　ぬ ）

❸ *ne* （ ね　お　す ）

❹ *na* （ あ　な　え ）

❺ *no* （ ぬ　す　の　あ ）

4 Read the following *hiragana*. Afterwards, listen to the CD and repeat after it. 🔊 **KN-11**

❶ にく

❷ いぬ

❸ ねこ

❹ なつ

❺ にし

❻ ぬの

❼ おかね

❽ さかな

❾ たのしい

4 ❶ meat　❷ dog　❸ cat　❹ summer　❺ west　❻ cloth　❼ money　❽ fish　❾ fun; enjoyable

1 Listen to the CD and repeat after it. 🔊 **KN-12**

は ha	ひ hi	ふ fu	へ he	ほ ho
ば ba	び bi	ぶ bu	べ be	ぼ bo
ぱ pa	ぴ pi	ぷ pu	ぺ pe	ぽ po

2 Write *hiragana* in the right stroke order.

は	い　に は	は	
ひ	ひ	ひ	
ふ	丶　ふ ふ　ふ	ふ	
へ	へ	へ	
ほ	い　に に　ほ	ほ	

3 Choose the matching character.

❶ *he* （ し　へ　く ）

❷ *fu* （ す　な　ふ ）

❸ *ho* （ ほ　は　け　た ）

❹ *ha* （ は　な　け ）

❺ *hi* （ え　そ　ひ ）

4 Read the following *hiragana*. Afterwards, listen to the CD and repeat after it. 🔊 **KN-13**

❶ は　　❷ ふね　　❸ はな　　❹ ほし　　❺ へび

❻ ひと　　❼ さいふ　　❽ はたけ　　❾ ぶたにく

---

4 ❶ tooth　❷ ship; boat　❸ flower　❹ star　❺ snake　❻ person　❼ wallet　❽ field; farm　❾ pork

ひらがな Review 2

Listen to the CD and draw lines connecting the characters that form each word. ◉ KN-14

1

❶ work; job

❷ university

❸ subway

2

❶ dog

❷ money

❸ fish

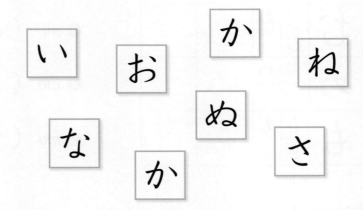

3

❶ star

❷ field; farm

❸ wallet

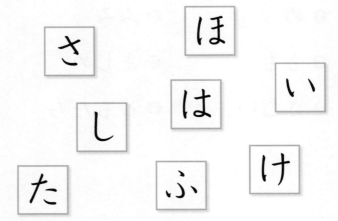

ひらがな（7） ま-row

1 Listen to the CD and repeat after it. 🔊 **KN-15**

ま *ma*	み *mi*	む *mu*	め *me*	も *mo*

2 Write *hiragana* in the right stroke order.

3 Choose the matching character.

❶ *ma* （ ほ　き　ま ）

❷ *me* （ の　め　あ ）

❸ *mi* （ み　せ　ぬ ）

❹ *mo* （ ま　き　も ）

❺ *mu* （ す　な　む ）

4 Read the following *hiragana*. Afterwards, listen to the CD and repeat after it. 🔊 **KN-16**

❶ め

❷ みみ

❸ たまご

❹ もも

❺ まじめ

❻ みなみ

❼ さむい

❽ ともだち

❾ たべます

---

4 ❶ eye ❷ ear ❸ egg ❹ peach ❺ serious ❻ south ❼ cold ❽ friend ❾ eat

12

ひらがな（8）　や-row

1 Listen to the CD and repeat after it. 🔊 **KN-17**

や *ya*		ゆ *yu*		よ *yo*

2 Write *hiragana* in the right stroke order.　　**3** Choose the matching character.

❶ *yo* （ み　す　よ ）

❷ *yu* （ み　ゆ　め ）

❸ *ya* （ か　や　ち ）

4 Read the following *hiragana*. Afterwards, listen to the CD and repeat after it. 🔊 **KN-18**

❶ ふゆ　　　　❷ やま　　　　❸ おゆ

❹ よこ　　　　❺ やさい　　　❻ よみます

❼ ゆめ　　　　❽ よなか　　　❾ やすい

4 ❶ winter　❷ mountain　❸ hot water　❹ side　❺ vegetable　❻ read　❼ dream
❽ late at night　❾ inexpensive

5 Listen to the CD and repeat after it. 🔊 **KN-19**

きゃ *kya*	きゅ *kyu*	きょ *kyo*	ぎゃ *gya*	ぎゅ *gyu*	ぎょ *gyo*
しゃ *sha*	しゅ *shu*	しょ *sho*	じゃ *ja*	じゅ *ju*	じょ *jo*
ちゃ *cha*	ちゅ *chu*	ちょ *cho*			
にゃ *nya*	にゅ *nyu*	にょ *nyo*			
ひゃ *hya*	ひゅ *hyu*	ひょ *hyo*	びゃ *bya*	びゅ *byu*	びょ *byo*
みゃ *mya*	みゅ *myu*	みょ *myo*	ぴゃ *pya*	ぴゅ *pyu*	ぴょ *pyo*
りゃ *rya*	りゅ *ryu*	りょ *ryo*			

Note き，ぎ，し，じ，ち，に，ひ，び，ぴ，み and り can combine with a small ゃ，ゅ or ょ，and the two letters together constitute one mora.

6 Read the following *hiragana*. Afterwards, listen to the CD and repeat after it. 🔊 **KN-20**

❶ おちゃ　　　❷ かいしゃ　　　❸ ひゃく

❹ きゃく　　　❺ ひしょ　　　❻ じょせい

❼ しゅくだい　❽ きょねん

❾ ひまじゃないです

6 ❶ tea ❷ company ❸ hundred ❹ customer ❺ secretary ❻ woman
❼ homework ❽ last year ❾ not free; have no spare time

ひらがな（9）　ら-row

1 Listen to the CD and repeat after it. 🔊 **KN-21**

ら	り	る	れ	ろ
ra	*ri*	*ru*	*re*	*ro*

2 Write *hiragana* in the right stroke order.

3 Choose the matching character.

❶ *re* （ ね　れ　え ）

❷ *ru* （ る　ぬ　む ）

❸ *ra* （ さ　ら　ち ）

❹ *ro* （ る　ろ　ち　つ ）

❺ *ri* （ い　し　り ）

4 Read the following *hiragana*. Afterwards, listen to the CD and repeat after it. 🔊 **KN-22**

❶ ひだり　　　❷ うしろ　　　❸ くるま

❹ おてら　　　❺ はる　　　❻ きれい

❼ おもしろい　❽ うれしい

❾ あたらしくないです

4 ❶ left　❷ behind　❸ car　❹ temple　❺ spring　❻ beautiful　❼ interesting　❽ glad　❾ not new

Listen to the CD and draw lines connecting the characters that form each word. 🔊 KN-23

1

❶ cold

❷ serious

❸ friend

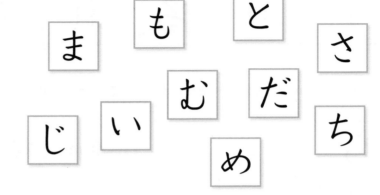

2

❶ vegetable

❷ winter

❸ secretary

❹ company

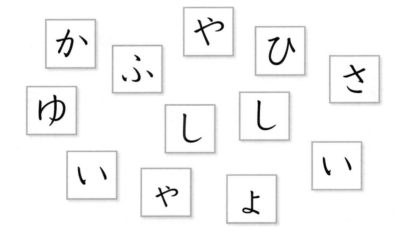

3

❶ car

❷ temple

❸ interesting

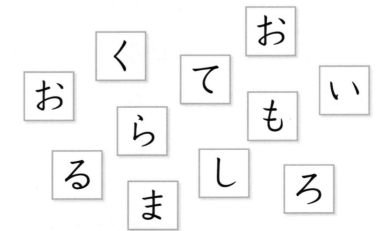

ひらがな（10）　わ-row・ん

1 Listen to the CD and repeat after it.  **KN-24**

わ				を 。

わ *wa*　　　　　　　　　　　　　　　　　　を *o*

ん *n*

Note を is used only as a particle and is pronounced "*o*."

2 Write *hiragana* in the right stroke order.

3 Choose the matching character.

❶ *o*　（ な　そ　を ）

❷ *n*　（ し　え　ん ）

❸ *wa*　（ わ　ね　お ）

4 Read the following *hiragana*. Afterwards, listen to the CD and repeat after it. **KN-25**

❶ わたし

❷ かわいい

❸ あさごはん

❹ せんえん

❺ しんかんせん

❻ てんぷら

❼ おかしを たべます

4 ❶ I　❷ cute; pretty　❸ breakfast　❹ 1,000 yen　❺ bullet train　❻ tempura　❼ eat sweets

ひらがな（11） Long vowels

1 Listen to the CD and repeat after it. 🔊 **KN-26**

❶ か ― かあ ❷ き ― きい ❸ く ― くう

❹ け ― けい ❺ こ ― こう

2 Listen to the CD and repeat after it. 🔊 **KN-27**

❶ おばさん ― おばあさん

❷ おじさん ― おじいさん

❸ い ― いい ❹ え ― ええ

❺ とり ― とおり ❻ ゆき ― ゆうき

❼ きれ ― きれい ❽ ここ ― こうこう

3 Write the following in *hiragana*. Afterwards, listen to the CD and repeat after it. 🔊 **KN-28**

❶ *sōji*   ❷ *eigo*   ❸ *okāsan*

(   ) (   ) (   )

❹ *chūgoku*   ❺ *ginkō*   ❻ *gakusei*

(   ) (   ) (   )

❼ *hikōki*   ❽ *jū-ji*   ❾ *byōin*

(   ) (   ) (   )

2 ❶ aunt―grandmother ❷ uncle―grandfather ❸ stomach―good ❹ picture―yes
❺ bird―street ❻ snow―courage ❼ cloth―beautiful ❽ here―high school **3** ❶ cleaning (room)
❷ English ❸ mother ❹ China ❺ bank ❻ student ❼ airplane ❽ 10:00 ❾ hospital

ひらがな（12）　Small っ

1 Listen to the CD and repeat after it. 🔊 **KN-29**

❶ さか ― さっか　　　❷ ねこ ― ねっこ

❸ まくら ― まっくら　　❹ にし ― にっし

❺ おと ― おっと　　　❻ みつ ― みっつ

❼ いち ― いっち

2 Write the following in *hiragana*. Afterwards, listen to the CD and repeat after it. 🔊 **KN-30**

❶ *kitte*　　　　　❷ *nikki*　　　　　❸ *zasshi*

(　　　　　　) (　　　　　　) (　　　　　　)

❹ *gakkō*　　　　　❺ *kippu*　　　　　❻ *asatte*

(　　　　　　) (　　　　　　) (　　　　　　)

❼ *massugu*　　　　❽ *atchi*　　　　　❾ *chotto*

(　　　　　　) (　　　　　　) (　　　　　　)

1 ❶ slope—writer ❷ cat—root ❸ pillow—pitch-dark ❹ west—journal ❺ sound—husband
❻ honey—three things ❼ one—match **2** ❶ stamp ❷ diary ❸ magazine ❹ school
❺ ticket ❻ day after tomorrow ❼ straight ❽ that way ❾ a little bit

1 Read the following greetings and choose the picture matching each. 🔊 **KN-31**

❶ (　　　) おはようございます。

❷ (　　　) こんにちは。

❸ (　　　) こんばんは。

❹ (　　　) いただきます。

2 Read the following sentences. 🔊 **KN-32**

❶ それは　わたしのです。

❷ これは　なんですか。

❸ はなは　ありますか。

❹ あれを　ください。

❺ おちゃを　のみます。

カタカナ

Katakana Chart

	k	s	t	n	h	m	y	r	w
a	ア	カ	サ	タ	ナ	ハ	マ	ヤ	ラ	ワ
i	イ	キ	シ※	チ※	ニ	ヒ	ミ		リ	
u	ウ	ク	ス	ツ※	ヌ	フ※	ム	ユ	ル	
e	エ	ケ	セ	テ	ネ	ヘ	メ		レ	
o	オ	コ	ソ	ト	ノ	ホ	モ	ヨ	ロ	ヲ

n	ン

※ シ = *shi*　チ = *chi*　ツ = *tsu*　フ = *fu*

	g	z	d	b	p
a	ガ	ザ	ダ	バ	パ
i	ギ	ジ※	ヂ※	ビ	ピ
u	グ	ズ※	ヅ※	ブ	プ
e	ゲ	ゼ	デ	ベ	ペ
o	ゴ	ゾ	ド	ボ	ポ

※ ジ・ヂ = *ji*　ズ・ヅ = *zu*

ヤ		ツ		ア
ユ				イ
ヨ				ウ
				エ
				オ

カタカナ Katakana（1） ス タ ハ バ パ

1 よみましょう 🔊 KN-33

ス *su*	タ *ta*	ハ *ha*	バ *ba*	パ *pa*

2 かきましょう

3 どれですか

Ex. は （ ス タ （ハ） ）

❶ た （ ス タ ハ ）

❷ す （ ス タ ハ ）

❸ ぱ （ バ ハ パ ）

4 よみましょう 🔊 KN-34

❶ パパ ❷ パス ❸ バス

❹ スーパー ❺ パター ❻ バター

❼ パスタ ❽ スター

Note Long vowels are indicated with "ー."
ex. スー (*sū*) ター (*tā*) パー (*pā*)

カタカナ（2）コ ヒ ビ ピ ル

1 よみましょう 🔊 KN-35

コ *ko*	ヒ *hi*	ビ *bi*	ピ *pi*	ル *ru*

2 かきましょう

3 どれですか

❶ ひ（タ　ス　ヒ）

❷ ぴ（パ　ピ　ビ）

❸ る（ル　タ　ハ）

❹ こ（コ　ヒ　ハ）

4 よみましょう 🔊 KN-36

❶ ビル　　　　❷ ビール　　　　❸ ルビー

❹ パール　　　❺ コーヒー　　　❻ コピー

❼ コース　　　❽ タコス　　　　❾ タバスコ

❿ ヒーター

1 よみましょう 🔊 KN-37

ア	イ	ト	ド	レ
a	i	to	do	re

2 かきましょう

ア	⌐ア	ア	
イ	ノイ	イ	
ト	｜ト	ト	
レ	レ	レ	

3 どれですか

❶ い （ イ ハ ト ）

❷ と （ タ ト レ ）

❸ あ （ ス ル ア ）

❹ れ （ レ タ イ ）

4 よみましょう 🔊 KN-38

❶ ドア ❷ ドル ❸ トイレ

❹ トースト ❺ ハート ❻ ハード

❼ アイス ❽ レタス ❾ アドバイス

❿ アルバイト

4 ❶ door ❷ dollar ❸ toilet ❹ toast ❺ heart ❻ hard
❼ ice cream ❽ lettuce ❾ advice ❿ part-time job

24

カタカナ（4）テ デ ン ソ ゾ

1 よみましょう 🔊 KN-39

テ *te*	デ *de*	ン *n*	ソ *so*	ゾ *zo*

2 かきましょう

テ	ー ニ テ	テ	
ン	丶 ン	ン	
ソ	丶 ソ	ソ	

3 どれですか

❶ ん （ ン　ソ　ハ ）

❷ て （ ト　タ　テ ）

❸ そ （ イ　ン　ソ ）

❹ で （ バ　デ　ビ ）

4 よみましょう 🔊 KN-40

❶ パン　　　❷ ペン　　　❸ パソコン

❹ インド　　❺ デート　　❻ テレビ

❼ テスト　　❽ ソース　　❾ リゾート

❿ テント

4 ❶ bread　❷ pen　❸ personal computer　❹ India　❺ date
❻ television　❼ test　❽ sauce　❾ resort　❿ tent

カタカナ（5） シ ジ ツ サ ザ

1 よみましょう 🔊 KN-41

シ *shi*	ジ *ji*	ツ *tsu*	サ *sa*	ザ *za*

2 かきましょう

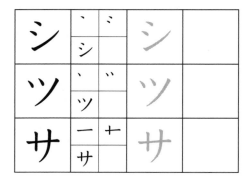

3 どれですか

❶ さ （ サ　ス　ア ）

❷ じ （ ツ　ジ　シ ）

❸ し （ ジ　シ　ン ）

❹ つ （ ン　ソ　ツ ）

4 よみましょう 🔊 KN-42

❶ アジア　　　　❷ レンジ　　　　❸ スーツ

❹ ジーンズ　　　❺ コンサート　　❻ サービス

❼ ピザ　　　　　❽ ハッピー　　　❾ ツアー

❿ レッスン

4 ❶ Asia ❷ kitchen range; cooking stove ❸ suit ❹ jeans
❺ concert ❻ service ❼ pizza ❽ happy ❾ tour ❿ lesson

カタカナ（6） マ ナ フ ブ プ

1 **よみましょう** 🔊 KN-43

マ *ma*	ナ *na*	フ *fu*	ブ *bu*	プ *pu*

2 **かきましょう**

3 **どれですか**

❶ ふ （ フ　レ　ハ ）

❷ ま （ ス　サ　マ ）

❸ ぷ （ ピ　パ　プ ）

❹ な （ ヒ　ナ　イ ）

4 **よみましょう** 🔊 KN-44

❶ プール　　　❷ ブーツ　　　❸ スープ

❹ スプーン　　❺ バナナ　　　❻ ドーナツ

❼ マナー　　　❽ フルーツ　　❾ パーマ

❿ ナース

4 ❶ pool　❷ boots　❸ soup　❹ spoon　❺ banana
❻ doughnut　❼ manners　❽ fruit　❾ perm　❿ nurse

27

1 よみましょう 🔊 KN-45

ラ ra	ホ ho	ボ bo	ポ po	チ chi

2 かきましょう

3 どれですか

❶ ほ （ ヒ　ツ　ホ ）

❷ ち （ チ　ス　ア ）

❸ ら （ ラ　ル　テ ）

4 よみましょう 🔊 KN-46

❶ ホテル　　　　❷ ボール　　　　❸ ランチ

❹ ドライブ　　　❺ ライター　　　❻ チーズ

❼ スポーツ　　　❽ レストラン　　❾ マッチ

❿ フライドポテト

カタカナ（8）　*Katakana* resembling *hiragana*−1

1 どれですか　🔊 KN-47

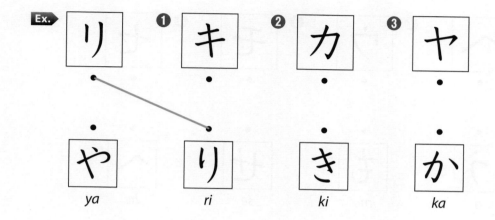

ya	ri	ki	ka

2 かきましょう

3 よみましょう　🔊 KN-48

❶ カレー　　　　❷ キッチン　　　　❸ パリ

❹ タイヤ　　　　❺ ブレーキ　　　　❻ サッカー

❼ スカーフ　　　❽ ガイド　　　　　❾ サラリーマン

❿ ドライヤー

カタカナ（9） *Katakana* resembling *hiragana*–2

1 どれですか 🔊 KN-49

❶ ヘ

❷ ウ

❸ モ

❹ セ

・

・

・

・

・

・

・

・

う
u

も
mo

せ
se

ヘ
he

2 かきましょう

ヘ	ヘ		ヘ	
ウ	' ' ウ		ウ	

モ	ー ニ モ		モ	
セ	ー セ		セ	

3 よみましょう 🔊 KN-50

❶ ヘルシー　　❷ セーター　　❸ リモコン

❹ ウール　　❺ ウイスキー　　❻ ページ

❼ プレゼント　　❽ モード　　❾ ヘリコプター

❿ ソウル

カタカナ（10）ニ エ ユ ヨ ミ

1 よみましょう 🔊 KN-51

ニ	エ	ユ	ヨ	ミ
ni	*e*	*yu*	*yo*	*mi*

2 かきましょう

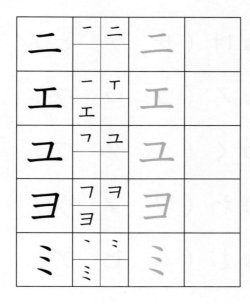

3 どれですか

❶ み（シ ツ ミ）

❷ に（ヒ ニ エ）

❸ よ（エ ヨ コ）

❹ え（カ ア エ）

❺ ゆ（コ エ ユ）

4 よみましょう 🔊 KN-52

❶ エアコン　　❷ テニス　　❸ ヨガ

❹ ビタミン　　❺ ユーザー　　❻ ヨット

❼ ミニスカート　　❽ ミートパイ　　❾ ユーモア

❿ エレベーター

1 よみましょう 🔊 KN-53

ク	ケ	ワ	ム	ロ
ku	*ke*	*wa*	*mu*	*ro*

2 かきましょう

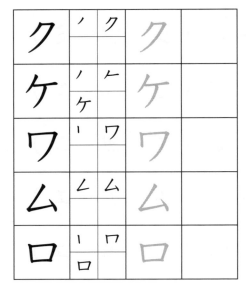

3 どれですか

❶ け（ サ　ケ　ヒ ）

❷ ろ（ コ　ロ　ワ ）

❸ く（ ク　タ　ワ ）

❹ わ（ ワ　フ　ウ ）

❺ む（ ム　ヒ　ア ）

4 よみましょう 🔊 KN-54

❶ ワイン　　❷ クッキー　　❸ ケーキ

❹ ゲーム　　❺ ロビー　　❻ クリスマス

❼ ミルク　　❽ パスワード　　❾ ホッケー

❿ ヨーロッパ

カタカナ（12） ノ メ ヌ ネ オ

1 **よみましょう** 🔊 KN-55

| ノ *no* | メ *me* | ヌ *nu* | ネ *ne* | オ *o* |

2 **かきましょう**

3 **どれですか**

❶ ぬ（ ヌ　メ　ネ ）

❷ の（ フ　ノ　メ ）

❸ お（ ナ　ア　オ ）

❹ め（ イ　タ　メ ）

❺ ね（ ト　ネ　メ ）

4 **よみましょう** 🔊 KN-56

❶ アニメ　　　❷ ノート　　　❸ オムレツ

❹ ネクタイ　　❺ メール　　　❻ カメラ

❼ バイオリン　　　　❽ スノーボード

❾ カップヌードル　　❿ インターネット

---

4 ❶ anime　❷ notebook　❸ omelet　❹ tie　❺ e-mail　❻ camera
❼ violin　❽ snowboard　❾ Cup Noodle　❿ Internet

カタカナ（13） キャ　キュ　キョ　and others

1 よみましょう 🔊 **KN-57**

Like *hiragana*, combinations of キ，ギ，シ，ジ，チ，ニ，ヒ，ビ，ピ，ミ or リ and small ャ，ュ or ョ，constitute one mora.

キャ kya	キュ kyu	キョ kyo
シャ sha	シュ shu	ショ sho
チャ cha	チュ chu	チョ cho
ニャ nya	ニュ nyu	ニョ nyo
ヒャ hya	ヒュ hyu	ヒョ hyo
ミャ mya	ミュ myu	ミョ myo
リャ rya	リュ ryu	リョ ryo

ギャ gya	ギュ gyu	ギョ gyo
ジャ ja	ジュ ju	ジョ jo

ビャ bya	ビュ byu	ビョ byo
ピャ pya	ピュ pyu	ピョ pyo

2 よみましょう 🔊 **KN-58**

❶ シャワー　　❷ ジュース　　❸ メニュー

❹ シャツ　　❺ キャンセル　　❻ チョコレート

❼ ニュース　　❽ ショッピング

❾ コミュニケーション　　❿ キャッシュカード

---

2 ❶ shower ❷ juice ❸ menu ❹ shirt ❺ cancel ❻ chocolate
❼ news ❽ shopping ❾ communication ❿ ATM card

3 **よみましょう** 🔊 **KN-59**

In addition to the combinations above, there are other combinations in *katakana* that are used to indicate the pronunciation of foreign words.

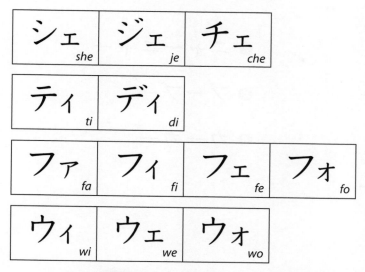

シェ *she*	ジェ *je*	チェ *che*	
ティ *ti*	ディ *di*		
ファ *fa*	フィ *fi*	フェ *fe*	フォ *fo*
ウィ *wi*	ウェ *we*	ウォ *wo*	

> **Note** The sound "v" is usually written with バ / ビ / ブ / ベ / ボ , but it is also sometimes written with ヴ.
> ex. violin ➔ バイオリン or **ヴァ**イオリン
> Beethoven ➔ ベートーベン or ベートー**ヴェ**ン

4 **よみましょう** 🔊 **KN-60**

❶ シェフ ❷ オフィス ❸ チェック

❹ フォーク ❺ パーティー ❻ ファッション

❼ カフェ ❽ ウェブサイト ❾ プロジェクト

❿ ディスカッション

4 ❶ chef ❷ office ❸ check ❹ fork ❺ party ❻ fashion
❼ café ❽ website ❾ project ❿ discussion

1 よみましょう 🔊 KN-61

❶ ワンワン

❷ ニャーニャー

❸ チューチュー

❹ ブーブー

❺ モーモー

❻ カーカー

❼ コケコッコー

2 どれですか

❶ (　　) ワンワン

❷ (　　) ニャーニャー

❸ (　　) チューチュー

❹ (　　) ブーブー

❺ (　　) モーモー

❻ (　　) カーカー

❼ (　　) コケコッコー

a. b. c. d.
e. f. g.

カタカナ Review 2

1 よみましょう 🔊 **KN-62**

❶	**ランチメニュー**	
❷	**ランチセットA**（サンドイッチ・スープ・ドリンク）	1000円
❸	**ランチセットB**（スパゲッティ・サラダ・ドリンク）	1000円
❹	カレーライス	650円
❺	チキンライス	650円
❻	グラタン	700円
❼	ピラフ	700円
❽	サラダ	400円
❾	トマトサラダ	450円
❿	ポテトサラダ	450円
⓫	トースト	200円
⓬	ライス	200円
⓭	お子様ランチ	500円
⓮	コーヒー（アイス・ホット）	300円
⓯	レモンティー（アイス・ホット）	300円
⓰	ミルクティー（アイス・ホット）	300円
⓱	コーラ	250円
⓲	ココア	350円

1 ❶ lunch menu ❷ lunch set A (sandwich/soup/drink) ❸ lunch set B (spaghetti/salad/drink) ❹ curry and rice ❺ chicken rice ❻ gratin ❼ pilaf ❽ salad ❾ tomato salad ❿ potato salad ⓫ toast ⓬ rice ⓭ kids lunch set ⓮ coffee (iced/hot) ⓯ tea with lemon (iced/hot) ⓰ tea with milk (iced/hot) ⓱ cola ⓲ hot chocolate

居酒屋
いざかや
ドリンク メニュー

❶

❷ 生ビール
なま

❸ 　中ジョッキ　　　　　420 円
　ちゅう　　　　　　　　　えん

❹ 　大ジョッキ　　　　　680 円
　だい

❺ 　グラス　　　　　　　320 円

❻ ワイン　（白ワイン・赤ワイン）
　　　　　　しろ　　　　あか

❼ 　ボトル　　　　　　1,580 円

❽ 　グラス　　　　　　　320 円

❾ サワー

❿ 　レモンサワー　　　　290 円

⓫ 　酎ハイ　　　　　　　290 円
　ちゅう

⓬ 　ウーロンハイ　　　　290 円

⓭ ソフトドリンク

⓮ 　コーラ　　　　　　　240 円

⓯ 　ウーロン茶　　　　　240 円
　　　　　ちゃ

2 ❶ drink menu ❷ draft beer ❸ medium mug ❹ big mug ❺ glass ❻ wine (white wine/red wine)
❼ bottle ❽ glass ❾ sour (liquor with juice and soda) ❿ lemon sour ⓫ *chū-hai* (*shōchū* mixed with soda)
⓬ *shōchū* mixed with oolong tea ⓭ non-alcohol drink ⓮ cola ⓯ oolong tea

38

3 よみましょう 🔊 KN-64

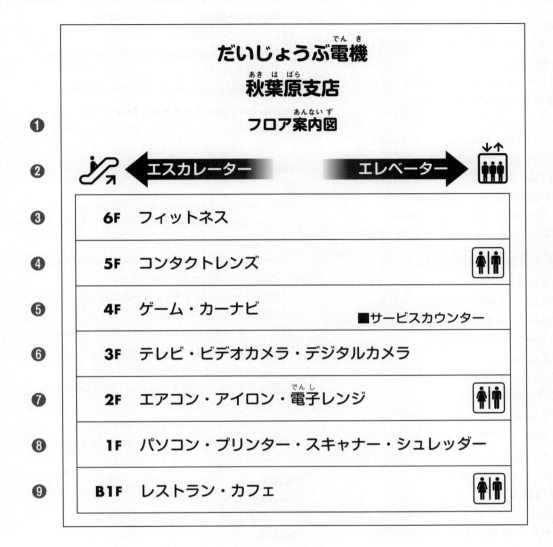

だいじょうぶ電機（でんき）
秋葉原支店（あきはばら）
フロア案内図（あんないず）

❶

❷ エスカレーター　　エレベーター

❸ **6F** フィットネス

❹ **5F** コンタクトレンズ

❺ **4F** ゲーム・カーナビ
　　　　　　　　　　　■サービスカウンター

❻ **3F** テレビ・ビデオカメラ・デジタルカメラ

❼ **2F** エアコン・アイロン・電子レンジ（でんし）

❽ **1F** パソコン・プリンター・スキャナー・シュレッダー

❾ **B1F** レストラン・カフェ

3	Daijobu Electronics Akihabara Branch	
❶	Floor guide	
❷	Escalator	Elevator
❸	6F	Fitness
❹	5F	Contact lenses
❺	4F	Games / Car navigation systems
		■Service counter
❻	3F	TVs / Video cameras / Digital cameras
❼	2F	Air conditioners / Irons / Microwave ovens
❽	1F	Computers / Printers / Scanners / Shredders
❾	B1F	Restaurant / Café

Answers 解答 (Units 1-12 and *Kana-kana* Drills)

Unit 1

Task 1 (p. 2)

2 (1) d　(2) c　(3) b　(4) g　(5) e　(6) f

Task 5 (p. 6)

1 (1) *Sumisu, America, Jūni-gatsu*

(2) *Tan, Chūgoku, Ni-nen mae*

Task 7 (p. 8)

2 ① *Ii desu ka.*　② *Dōzo.*　③ *Ii desu ka.*

④ *Sumimasen, chotto . . .*

Final Task (p. 9)

1 ① *Hajimemashite.*　② *Dōzo*

③ *Hajimemashite.*　④ *kimashita.*

⑤ *kimashita.*　⑥ *Dōzo yoroshiku.*

Unit 2

Task 2 (p. 17)

(1) *kagi*　(2) *kutsu*　(3) *saifu*　(4) *hon*

(5) *tokei*　(6) *keitai*　(7) *shinbun*　(8) *jitensha*

(9) *pasokon*　(10) *o-kane*

Task 3 (p. 18)

(1) *no, no*　(2) *ja nai*　(3) *Pen-san no*

(4) *Pen-san no, no*

Task 4 (p. 19)

2 ① *Kore*　② *Sore*　③ *Are*

Task 5 (p. 20)

2 ① d　② f　③ e　④ b　⑤ c

Final Task (p. 21)

2 ① *Wakarimasen.*　② *Yukkuri onegai shimasu.*

③ *Kore desu ka.*　④ *A, wakarimashita.*

⑤ *Arigatō gozaimasu.*

Unit 3

Task 2 (p. 27)

Sheet A:

(1) 3:00　(3) 10:00　(5) 12:00　(7) 5:30

Sheet B:

(2) 6:00　(4) 11:00　(6) 9:00　(8) 4:30

Task 3 (p. 28)

1 (1) *Ku-ji kara desu.*

(2) *San-ji made desu.*

(3) *Shichi-ji kara jūichi-ji made desu.*

(4) *Ni-ji han kara desu.*

(5) *Yo-ji han made desu.*

(6) *Ichi-ji kara roku-ji han made desu.*

2 ① *Jūichi-ji kara desu.*

② *Nijūsan-ji made desu. / Jūichi-ji made desu.*

③ *Ku-ji kara desu.*

④ *Jūshichi-ji made desu. / Go-ji made desu.*

Words for Tasks 4-5 & Final Task (p. 29)

(1) e　(2) c　(3) d　(4) b　(5) f　(6) i　(7) g

(8) h　(9) j　(10) l　(11) k

Task 4 (p. 30)

1

A (Ex. *Nihon-go no kurasu wa, shichi-ji han kara hachi-ji han made desu.*)

Shigoto wa ku-ji kara go-ji made desu.

Hiru-yasumi wa jūni-ji kara ichi-ji made desu.

Kaigi wa ni-ji kara go-ji made desu.

Pātī wa roku-ji kara hachi-ji made desu.

Dēto wa hachi-ji kara desu.

B *Asa-gohan wa shichi-ji kara hachi-ji made desu.*

Sentaku wa ku-ji kara jū-ji made desu.

Sōji wa jūichi-ji kara jūni-ji made desu.

Hiru-gohan wa jūni-ji han kara ichi-ji han made desu.

Kaimono wa yo-ji kara go-ji made desu.

Ban-gohan wa roku-ji han kara shichi-ji han made desu.

Task 5 (p. 31)

Sheet A:

(1) 8:30 a.m.　(2) 3:00 p.m.　(3) 10:00 p.m.

Sheet B:

(1) 8:00 a.m.　(2) 9:30 a.m.　(3) 11:00 p.m.

Final Task (p. 32)

1

A ① d　② b　③ e　④ c　⑤ g　⑥ f　⑦ j　⑧ i

⑨ h

B ① a　② e　③ d　④ b　⑤ k　⑥ g　⑦ i　⑧ h

⑨ j　⑩ f

2

A ① 9:00　② 5:00　③ 12:30　④ 1:30　⑤ 3:20

⑥ 8:00

B ① 6:30　② 2:00　③ 4:15　④ 5:45

Unit 4

Words for This Unit (p. 40)

(1) d　(2) b　(3) c　(4) e　(5) h　(6) f　(7) g
(8) l　(9) i　(10) k　(11) j

Task 1 (p. 41)

1

A ① f　② i　③ d　④ a　⑤ b　⑥ g　⑦ e　⑧ h
　　⑨ j

B ① b　② h　③ c　④ a　⑤ e　⑥ f　⑦ d　⑧ g
　　⑨ i

2 (1) b　(2) h　(3) e　(4) g　(5) d　(6) f　(7) c
　　(8) i

3

Sheet A:

(2) ¥5,000　(4) ¥400　(6) ¥3,000　(8) ¥15,000
(10) ¥50,000

Sheet B:

(1) ¥4,000　(3) ¥1,000　(5) ¥500　(7) ¥0
(9) ¥30,000　(11) ¥20,000

Task 3 (p. 44)

3 ① *kamera wa arimasu ka.*
　　② *Doko desu ka.*　③ *San-gai desu ne?*
　　④ *Kore wa ikura desu ka.*　⑤ *Kore o kudasai.*

Unit 5

Words for This Unit (p. 50)

(1) b　(2) f　(3) c　(4) d　(5) j　(6) g　(7) h
(8) e　(9) i

Task 1 (p. 50)

① *koko*　② *soko*　③ *asoko*

Final Task (p. 54)

1

A (1) *Okinawa ni ikimasu.*
(2) *Natsu-yasumi ni ikimasu.*
(3) *Tomodachi to ikimasu.*
(4) *Hikōki de ikimasu.*
(5) *3-jikan han gurai desu.*

B (1) *Kyōto ni ikimasu.*
(2) *Gōruden-wīku ni ikimasu.*
(3) *Kanojo to ikimasu.*
(4) *Shinkansen de ikimasu.*
(5) *3-jikan gurai desu.*

Self-check (p. 55)

(1) *(Watashi wa) kinō sūpā ni ikimashita.*
(2) *Pen-san wa basu de kaisha ni ikimasu.*
(3) *Nichi-yōbi ni doko ni iki-tai desu ka.*
(4) *(Watashi wa) 2012-nen ni Nihon ni
　kimashita.*
(5) *Pen-san wa mainichi uchi ni kaerimasu.*

Unit 6

Task 1 (p. 60)

(1) 4F　(2) 2F　(3) B1F　(4) *imasen*　(5) *okujō*

Task 2 (p. 61)

Phrases (1) b　(2) f　(3) d　(4) c　(5) e　(6) g

1 (Case 1) *imasu*　(Case 2) *imasu*　(Case 3) *imasen*

3 ① *Moshi moshi, Pen desu.*
　　② *Mori-san, onegai shimasu.*
　　③ *Sumimasen. Wakarimasen.*
　　④ *Sumimasen. Mori-san wa imasu ka, imasen ka.*
　　⑤ *Wakarimashita.*
　　⑥ *Mata denwa o shimasu.*
　　⑦ *Shitsurei shimasu.*
　　⑧ *Mata denwa o shimasu.*
　　⑨ *Shitsurei shimasu.*

Task 3 (p. 63)

Words

(1) c　(2) b　(3) k　(4) l　(5) e　(6) d　(7) h
(8) f　(9) j　(10) g　(11) i　(12) n　(13) m

1 (1) **day:** *konshū (no) kin-yōbi*　**time:** *9-ji goro*
(2) **day:** *raishū (no) getsu-yōbi*　**time:** *1-ji han*

3 ① *itsu sochira ni . . .*　② *Ashita*
　　③ *Nan-ji goro*　④ *3-ji goro*
　　⑤ *denwa o shimasu.*　⑥ *Shitsurei shimasu.*

Final Task (p. 66)

Scene 1

2 ① *Moshi moshi, Pen desu.*
　　② *Sumimasen. 10-pun okuremasu.*
　　③ *Sugu ikimasu. Hontōni sumimasen.*

Scene 2

2 ① *Moshi moshi, Pen desu.*
　　② *Roppongi-eki, 1-ban deguchi ni imasu.*
　　　Koko de daijōbu desu ka.
　　③ *Wakarimashita.*

Self-check (p. 69)

(1) *Moshi moshi, (your name) desu. Mori-san, onegai shimasu.*

(2) *Sumimasen. Wakarimasen.*

(3) *Sumimasen. Mori-san wa imasu ka, imasen ka.*

(4) *Wakarimashita.*

(5) *Ja, mata denwa o shimasu.*

(6) *Ja, itsu sochira ni . . . ?*

(7) *Ashita desu ne? Nan-ji goro desu ka.*

(8) *3-ji goro desu ne? Wakarimashita. Ja, mata denwa o shimasu.*

(9) *Shitsurei shimasu.*

Unit 7

Words for This Unit (p. 74)

(1) h   (2) e   (3) d   (4) i   (5) f   (6) a   (7) c
(8) b   (9) j   (10) l   (11) n   (12) k   (13) o
(14) m

Task 4 (p. 78)

1

A ① c   ② d   ③ b
B ④ g   ⑤ f   ⑥ e   ⑦ h

Final Task (p. 79)

2 ① *Futari desu.*

② *Nō-sumōkingu, onegai shimasu.*

③ *Osusume wa nan desu ka.*

④ *Niku desu ka. Sakana desu ka. Yasai desu ka.*

⑤ *Kore wa yasai desu ka.*

⑥ *Ja, kore, onegai shimasu.*

⑦ *Sumimasen. O-kaikei, onegai shimasu.*

⑧ *Betsubetsude onegai shimasu.*

Self-check (p. 82)

(1) *Pen-san wa mainichi sakana o tabemasu.*

(2) *Mori-san wa zenzen bīru o nomimasen.*

(3) *Okada-san wa yoku izakaya de tomodachi to wain o nomimasu.*

(4) Q: *Kinō (no) asa, nani o tabemashita ka.*
A: *Buta-niku to yasai o tabemashita.*

Unit 8

Words for This Unit (p. 86)

(1) e   (2) h   (3) d   (4) b   (5) g   (6) c   (7) f
(8) k   (9) j   (10) i   (11) l

Task 2 (p. 87)

1 (1) *(Pen-san wa) itsu (pātī o) shimasu ka.*

(2) *(Pen-san wa) nan-ji kara (pātī o) shimasu ka.*

(3) *(Pen-san wa) nan-ji made (pātī o) shimasu ka.*

(4) *(Pen-san wa) doko de (pātī o) shimasu ka.*

(5) *(Pen-san wa) dare to (pātī o) shimasu ka.*

2

Sheet A:

(1) ① work   ② at a bank
③ listening to music   ④ at home

(3) ① study   ② from 10:00
③ watching a movie   ④ with a friend

Sheet B:

(2) ① work   ② from 8:00
③ reading a newspaper   ④ in a room

(4) ① cleaning, laundry, etc.   ② at home
③ tennis   ④ with a friend

Task 4 (p. 90)

1 (1) c   (2) b   (3) e   (4) d   (5) a   (6) f

Final Task (p. 91)

1 ① *10-ji goro*   ② *iki*   ③ *mi-tai*   ④ *tabe-tai*
⑤ *9-ji goro*   ⑥ *shi-taku nai*   ⑦ *yomi-tai*
⑧ *11-ji goro*

Unit 9

Task 1 (p. 96)

2 (1) *kirei desu, purezento desu*

(2) *kawaii desu, Nihon no desu*

(3) *atarashii desu, karui desu, yasui desu*

(4) *omoshiroi desu, Nihon no desu, takai desu*

Task 2 (p. 99)

(1) *Kirei desu ne!*

(2) *Omoshiroi desu ne!*

(3) *Kirei desu ne!*

(4) *Kawaii desu ne! Nihon no desu ka.*

(5) *Ii desu ne! Doko no desu ka.*

(6) *Ii desu ne! Atarashii desu ka. Doko no desu ka.*

Task 3 (p. 100)

1 ① e   ② f   ③ b   ④ g   ⑤ c   ⑥ d

Task 4 (p. 101)

(1) b   (2) e   (3) f   (4) j   (5) i   (6) c   (7) d
(8) k   (9) l   (10) g   (11) h   (12) n   (13) m
(14) o   (15) p

Final Task (p. 103)

1

A (1) *Mori-san no (kaban) desu.*

(2) *Amerika no (kaban) desu.*

(3) *Kireina kaban desu. Soshite, benri desu.*

B (1) *Okada-san no (tokei) desu.*

(2) *100-en shoppu de kaimashita.*

(3) *Atarashii tokei desu. Totemo ii tokei desu. Soshite, yasui desu.*

Self-check (p. 105)

▶ **1.** (1) ● (2) ★ (3) ● (4) ● (5) ● (6) ●

(7) ● (8) ● (9) ★ (10) ★ (11) ● (12) ★

▶ **2.** (1) *Kore wa benri desu ka.*

(2) *Pen-san wa yūmei janai desu.*

(3) *Kore wa atarashii hon desu ka.*

(4) *Nattō wa oishiku nai desu.*

(5) *Kireina kaban desu ne!*

(6) *Pen-san wa genkina hito desu.*

Unit 10

Words for This Unit (p. 110)

(1) f (2) h (3) d (4) c (5) g (6) e (7) i

(8) b

Task 2 (p. 112)

1 (1) *Yasashikatta desu. / Muzukashikatta desu.*

(2) *Tanoshikatta desu. / Tsumaranakatta desu.*

(3) *Hima deshita. / Isogashikatta desu.*

(4) *Oishikatta desu. / Oishikunakatta desu.*

Task 3 (p. 114)

Words

(1) c (2) i (3) g (4) b (5) e (6) d (7) f

(8) h

1

(Story 1)

(1) *Pauro-san ga shawā o abimashita.*

(2) *Kasa o kaimashita.*

(3) *Sanpo o shimashita.*

(Story 2)

(1) *Pen-san ga kakimashita.*

(2) *Muzukashikatta desu.*

(3) *Mori-san ni aimashita.*

(4) *Mēru o chekku shimashita.*

(Story 3)

(1) *Tanaka-san ga (jogingu o) shimashita.*

(2) *Shashin o torimashita.*

(3) *Tanoshikatta desu.*

(4) *Ban-gohan o tsukurimashita.*

Task 5 (p. 117)

A (1) *Hai, yasumi desu.*

(2) *Hai, (jogingu o) shimashita.*

(3) *Kutsu o kaimashita.*

(4) *Iie, tabemasendeshita.*

(5) *Totemo tanoshikatta desu.*

B (1) *O-bentō o tsukurimashita.*

(2) *Dōbutsuen ni ikimashita.*

(3) *Hai, (takusan) shashin o torimashita.*

(4) *Ban-gohan o tabemashita. Soshite, sentaku o shimashita.*

(5) *Hai, tsukaremashita.*

Unit 11

Words for This Unit (p. 124)

(1) e (2) c (3) f (4) d (5) b (6) i (7) k

(8) h (9) j (10) g (11) l

▶ **Conditions**

(1) *atama* (2) *onaka* (3) *ha* (4) *mune*

(5) *koshi* (6) *netsu*

Task 1 (p. 125)

Phrases

(1) d (2) a (3) c (4) b

2 ① *Dō shita-n-desu ka.* ② *motte kimashō ka.*

③ *motte kimashō ka.* ④ *keshimashō ka.*

⑤ *tsukemashō ka.* ⑥ *keshimashō ka.*

Task 3 (p. 128)

2 ① *Kaze-gusuri wa arimasu ka.*

② *Atama ga itai desu. Netsu mo arimasu.*

③ *1-nichi nan-kai nomimasu ka.*

④ *1-kai desu ka, 2-kai desu ka, 3-kai desu ka.*

⑤ *Ikutsu nomimasu ka.*

⑥ *1-kai futatsu desu ne?*

⑦ *Itsu nomimasu ka.*

⑧ *Asa to yoru desu ne? Gohan no mae desu ka, gohan no ato desu ka.*

Task 4 (p. 130)

1 (1) *Gorufu o shitai desu. Ii desu ka.*

(2) *Shawā o abitai desu. Ii desu ka.*

(3) *Sakana o tabetai desu. Ii desu ka.*

(4) *Shigoto o shitai desu. Ii desu ka.*

(5) *Karaoke o shitai desu. Ii desu ka.*

(6) *Saikuringu o shitai desu. Ii desu ka.*

Final Task (p. 131)

(1) ① *Moshi moshi, Yamada desu. Sumimasen,*
kyō yasumitai-n-desu ga . . .

② *Kinō kara onaka ga (totemo) itai-n-desu.*
(Netsu mo arimasu.)

(2) ① *Sumimasen, gogo yasumitai-n-desu ga . . .*

② *Asa kara (zutto) me ga itai-n-desu. (Gogo*
byōin ni ikitai desu.)

Unit 12

Words for This Unit (p. 138)

▶ **Directions** (1) d (2) c (3) b (4) f (5) e

▶ **Positions** (1) a (2) c (3) b (4) e (5) d

Task 1 (p. 139)

2 (1) *Beddo no ue desu.* (2) *Beddo no shita desu.*

(3) *Terebi no ue desu.* (4) *Hana no shita desu.*

Task 2 (p. 140)

2 (1) *"2" ga arimasu.* (2) *"1" ga arimasu.*

(3) *"4" ga arimasu.* (4) *"5" ga arimasu.*

(5) *"6" ga arimasu.* (6) *"3" ga arimasu.*

Task 3 (p. 141)

Words

(1) g (2) h (3) f (4) d (5) i (6) b (7) c

(8) e

Phrases

(1) f (2) e (3) d (4) b (5) a (6) c

2 ① *eki* ② *michi* ③ *kōsaten* ④ *kōban*

⑤ *kōban*

Task 4 (p. 144)

2 ① *Nogizaka-eki ni ikitai-n-desu ga . . .*

② *Sumimasen, ima, doko desu ka.*

③ *Eki wa dotchi desu ka.*

④ *Chikai desu ka.* ⑤ *Arigatō gozaimasu.*

Task 5 (p. 145)

Words

(1) d (2) c (3) b (4) e (5) g (6) f (7) j

(8) k (9) h (10) i (11) l

Picture A

(1) *Daigaku ga arimasu.*

(2) *Yama ga arimasu.*

(3) *Eki ga arimasu.*

(4) *Byōin ga arimasu.*

(5) *Hatake ga arimasu.*

(6) *(Mori-san no uchi wa) hatake no chikaku desu.*

Picture B

(1) *Resutoran ga arimasu.*

(2) *Bijutsukan ga arimasu.*

(3) *Taishikan ga arimasu.*

(4) *Hoteru ga arimasu.*

(5) *(Pen-san no uchi wa) hoteru no chikaku desu.*

Final Task (p. 147)

1 (1) *Kamakura desu.*

(2) *Kamakura-eki ga arimasu.*

(3) *Mise ya resutoran ga takusan arimasu.*

(4) *Furui o-tera ga arimasu. Totemo shizukana*
o-tera desu.

(5) *Kanojo to dēto o shimashita.*

(6) *Kōen no tonari desu.*

かなカナドリル *Kana-kana* Drills

ひらがな (1)

3 ① お ② あ ③ う ④ い ⑤ え

4 ① *ai* ② *e* ③ *i* ④ *ue* ⑤ *ie* ⑥ *ao*

ひらがな (2)

3 ① こ ② く ③ け ④ か ⑤ き

4 ① *ki* ② *ka* ③ *kagi* ④ *ike* ⑤ *koko* ⑥ *eki*

⑦ *gogo* ⑧ *kaigi* ⑨ *gaikoku*

ひらがな (3)

3 ① せ ② さ ③ す ④ そ ⑤ し

4 ① *su* ② *kasa* ③ *shi* ④ *sekai* ⑤ *shio*

⑥ *asa* ⑦ *kazoku* ⑧ *sushi* ⑨ *o-kashi*

ひらがな Review 1

1 ① あい ② うえ ③ あお

2 ① えき ② ここ ③ かいぎ

3 ① すし ② あさ ③ かぞく

ひらがな (4)

3 ① ち ② と ③ つ ④ て ⑤ た

4 ① *te* ② *chi* ③ *tako* ④ *chizu* ⑤ *tsukue*

⑥ *soto* ⑦ *shigoto* ⑧ *daigaku* ⑨ *chikatetsu*

ひらがな (5)

3 ①に ②ぬ ③ね ④な ⑤の

4 ①*niku* ②*inu* ③*neko* ④*natsu* ⑤*nishi*

⑥*nuno* ⑦*o-kane* ⑧*sakana* ⑨*tanoshii*

ひらがな (6)

3 ①へ ②ふ ③ほ ④は ⑤ひ

4 ①*ha* ②*fune* ③*hana* ④*hoshi* ⑤*hebi*

⑥*hito* ⑦*saifu* ⑧*hatake* ⑨*buta-niku*

ひらがな Review 2

1 ①しごと ②だいがく ③ちかてつ

2 ①いぬ ②おかね ③さかな

3 ①ほし ②はたけ ③さいふ

ひらがな (7)

3 ①ま ②め ③み ④も ⑤む

4 ①*me* ②*mimi* ③*tamago* ④*momo*

⑤*majime* ⑥*minami* ⑦*samui*

⑧*tomodachi* ⑨*tabemasu*

ひらがな (8)

3 ①よ ②ゆ ③や

4 ①*fuyu* ②*yama* ③*o-yu* ④*yoko* ⑤*yasai*

⑥*yomimasu* ⑦*yume* ⑧*yonaka* ⑨*yasui*

6 ①*o-cha* ②*kaisha* ③*hyaku* ④*kyaku*

⑤*hisho* ⑥*josei* ⑦*shukudai* ⑧*kyonen*

⑨*hima ja nai desu*

ひらがな (9)

3 ①れ ②る ③ら ④ろ ⑤り

4 ①*hidari* ②*ushiro* ③*kuruma* ④*o-tera*

⑤*haru* ⑥*kirei* ⑦*omoshiroi* ⑧*ureshii*

⑨*atarashiku nai desu*

ひらがな Review 3

1 ①さむい ②まじめ ③ともだち

2 ①やさい ②ふゆ ③ひしょ ④かいしゃ

3 ①くるま ②おてら ③おもしろい

ひらがな (10)

3 ①を ②ん ③わ

4 ①*watashi* ②*kawaii* ③*asa-gohan*

④*sen-en* ⑤*shinkansen* ⑥*tenpura*

⑦*o-kashi o tabemasu*

ひらがな (11)

3 ①そうじ ②えいご ③おかあさん

④ちゅうごく ⑤ぎんこう ⑥がくせい

⑦ひこうき ⑧じゅうじ ⑨びょういん

ひらがな (12)

2 ①きって ②にっき ③ざっし ④がっこう

⑤きっぷ ⑥あさって ⑦まっすぐ

⑧あっち ⑨ちょっと

ひらがな Review 4

1 ①b ②d ③c ④a

2 ① *Sore wa watashi no desu.*

② *Kore wa nan desu ka.*

③ *Hana wa arimasu ka.*

④ *Are o kudasai.*

⑤ *O-cha o nomimasu.*

カタカナ (1)

3 ①タ ②ス ③パ

4 ①*papa* ②*pasu* ③*basu* ④*sūpā* ⑤*patā*

⑥*batā* ⑦*pasuta* ⑧*sutā*

カタカナ (2)

3 ①ヒ ②ピ ③ル ④コ

4 ①*biru* ②*bīru* ③*rubī* ④*pāru* ⑤*kōhī*

⑥*kopī* ⑦*kōsu* ⑧*takosu* ⑨*tabasuko*

⑩*hītā*

カタカナ (3)

3 ①イ ②ト ③ア ④レ

4 ①*doa* ②*doru* ③*toire* ④*tōsuto* ⑤*hāto*

⑥*hādo* ⑦*aisu* ⑧*retasu* ⑨*adobaisu*

⑩*arubaito*

カタカナ (4)

3 ①ン ②テ ③ソ ④デ

4 ①*pan* ②*pen* ③*pasokon* ④*Indo* ⑤*dēto*

⑥*terebi* ⑦*tesuto* ⑧*sōsu* ⑨*rizōto*

⑩*tento*

カタカナ (5)

3 ①サ ②ジ ③シ ④ツ

4 ①*Ajia* ②*renji* ③*sūtsu* ④*jīnzu* ⑤*konsāto*

⑥*sābisu* ⑦*piza* ⑧*happī* ⑨*tsuā*

⑩*ressun*

カタカナ (6)

3 ①フ ②マ ③ブ ④ナ

4 ①*pūru* ②*būtsu* ③*sūpu* ④*supūn*

⑤*banana* ⑥*dōnatsu* ⑦*manā* ⑧*furūtsu*

⑨*pāma* ⑩*nāsu*

カタカナ (7)

3 ①ホ ②チ ③ラ

4 ① *hoteru*　② *bōru*　③ *ranchi*　④ *doraibu*
　⑤ *raitā*　⑥ *chīzu*　⑦ *supōtsu*　⑧ *resutoran*
　⑨ *matchi*　⑩ *furaido poteto*

カタカナ (8)

1 ① き　② か　③ や

3 ① *karē*　② *kitchin*　③ *Pari*　④ *taiya*　⑤ *burēki*
　⑥ *sakkā*　⑦ *sukāfu*　⑧ *gaido*　⑨ *sararīman*
　⑩ *doraiyā*

カタカナ (9)

1 ① へ　② う　③ も　④ せ

3 ① *herushī*　② *sētā*　③ *rimokon*　④ *ūru*
　⑤ *uisukī*　⑥ *pēji*　⑦ *purezento*　⑧ *mōdo*
　⑨ *herikoputā*　⑩ *Souru*

カタカナ (10)

3 ① ミ　② ニ　③ ヨ　④ エ　⑤ ユ

4 ① *eakon*　② *tenisu*　③ *yoga*　④ *bitamin*
　⑤ *yūzā*　⑥ *yotto*　⑦ *minisukāto*　⑧ *mītopai*
　⑨ *yūmoa*　⑩ *erebētā*

カタカナ (11)

3 ① ケ　② ロ　③ ク　④ ワ　⑤ ム

4 ① *wain*　② *kukkī*　③ *kēki*　④ *gēmu*　⑤ *robī*
　⑥ *Kurisumasu*　⑦ *miruku*　⑧ *pasuwādo*
　⑨ *hokkē*　⑩ *Yōroppa*

カタカナ (12)

3 ① ヌ　② ノ　③ オ　④ メ　⑤ ネ

4 ① *anime*　② *nōto*　③ *omuretsu*　④ *nekutai*
　⑤ *mēru*　⑥ *kamera*　⑦ *baiorin*　⑧ *sunōbōdo*
　⑨ *kappunūdoru*　⑩ *intānetto*

カタカナ (13)

2 ① *shawā*　② *jūsu*　③ *menyū*　④ *shatsu*
　⑤ *kyanseru*　⑥ *chokorēto*　⑦ *nyūsu*
　⑧ *shoppingu*　⑨ *komyunikēshon*
　⑩ *kyasshukādo*

4 ① *shefu*　② *ofisu*　③ *chekku*　④ *fōku*　⑤ *pātī*
　⑥ *fasshon*　⑦ *kafe*　⑧ *webusaito*
　⑨ *purojekuto*　⑩ *disukasshon*

カタカナ Review 1

1 ① *wanwan*　② *nyānyā*　③ *chūchū*　④ *būbū*
　⑤ *mōmō*　⑥ *kākā*　⑦ *kokekokkō*

2 ① b　② g　③ f　④ c　⑤ a　⑥ d　⑦ e

カタカナ Review 2

1 ① *ranchi menyū*
　② *ranchi setto* A (*sandoitchi・sūpu・dorinku*)
　③ *ranchi setto* B (*supagetti・sarada・dorinku*)
　④ *karē raisu*　⑤ *chikin raisu*　⑥ *guratan*
　⑦ *pirafu*　⑧ *sarada*　⑨ *tomato sarada*
　⑩ *poteto sarada*　⑪ *tōsuto*　⑫ *raisu*
　⑬ *okosama ranchi*　⑭ *kōhī* (*aisu・hotto*)
　⑮ *remontī* (*aisu・hotto*)
　⑯ *mirukutī* (*aisu・hotto*)　⑰ *kōra*　⑱ *kokoa*

2 ① *dorinku menyū*　② *nama-bīru*　③ *chū-jokki*
　④ *dai-jokki*　⑤ *gurasu*
　⑥ *wain* (*shiro wain・aka wain*)　⑦ *botoru*
　⑧ *gurasu*　⑨ *sawā*　⑩ *remon sawā*　⑪ *chūhai*
　⑫ *ūron-hai*　⑬ *sofuto dorinku*　⑭ *kōra*
　⑮ *ūroncha*

3 ① *furoa annaizu*　② *esukarētā, erebētā*
　③ *fittonesu*　④ *kontakuto renzu*
　⑤ *gēmu・kānabi, sābisu kauntā*
　⑥ *terebi・bideo kamera・dejitaru kamera*
　⑦ *eakon・airon・denshi renji*
　⑧ *pasokon・purintā・sukyanā・shureddā*
　⑨ *resutoran・kafe*

Book 1

Elementary Japanese
through Practical Tasks

Nihongo Daijobu!

きょうから話せる！

にほんご
だいじょうぶ

サンアカデミー日本語センター
Sun Academy NIHONGO Center

the japan times PUBLISHING

Strategies

🔊 ST-1-1

すみません。	*Sumimasen.*	Excuse me. / I'm sorry.
どうも。	*Dōmo.*	Thanks.
ありがとうございます。	*Arigatō gozaimasu.*	Thank you.
そうです。	*Sō desu.*	That's right.
ちがいます。	*Chigaimasu.*	That's not right.
いいですか。	*Ii desu ka.*	Is it okay? / May I?
いいです。	*Ii desu.*	It is okay.
だいじょうぶですか。	*Daijōbu desu ka.*	Are you all right? / Is it safe?
だいじょうぶです。	*Daijōbu desu.*	I'm all right. / It's safe.
おねがいします。	*Onegai shimasu.*	Please.
ください。	*Kudasai.*	I'd like to have ~. / Please give me ~.
いりません。	*Irimasen.*	I don't need it.
ありますか。	*Arimasu ka.*	Do you have ~? / Is there ~?
あります。	*Arimasu.*	I have ~. / There is ~.
ありません。	*Arimasen.*	I don't have ~. / There is no ~.
わかりません。	*Wakarimasen.*	I don't understand it.
わかりました。	*Wakarimashita.*	I understand it.
おしえてください。	*Oshiete kudasai.*	Please tell me.

🔊 ST-1-2

なんですか。	*Nan desu ka.*	What is it?
どこですか。	*Doko desu ka.*	Where is it?
いつですか。	*Itsu desu ka.*	When is it?
なんじですか。	*Nan-ji desu ka.*	What time is it?
いくらですか。	*Ikura desu ka.*	How much is it?
どれですか。	*Dore desu ka.*	Which one is it?
どのぐらいですか。	*Donogurai desu ka.*	How long is it? / How much is it?

1 Commonly-used greetings よく使うあいさつ 🔊 ST-2-1

❶ **A:** いい　おてんきですね。 (It's nice weather, isn't it?)
　　Ii　　o-tenki desu ne.

　 B: そうですね。 (Yes, it is.)
　　Sō desu ne.

❷ **A:** あついですね。 (It's hot, isn't it?)
　　Atsui desu ne.

　 B: あついですね。 (Yes, it's hot.)
　　Atsui desu ne.

❸ **A:** さむいですね。 (It's cold, isn't it?)
　　Samui desu ne.

　 B: さむいですね。 (Yes, it's cold.)
　　Samui desu ne.

❹ **A:** よく　ふりますね。 (It has been raining a lot, hasn't it?)
　　Yoku　furimasu ne.

　 B: ほんとうに。 (Yes, it really has.)
　　Hontōni.

❺ **A:** [*Pointing at a dog*]

かわいいですね。　おなまえは？　(How cute! What is his/her name?)
Kawaii desu ne.　O-namae wa?

❻ **A:** [*Said to someone you haven't seen for a while*]

おげんきですか。　(How are you?)
O-genki desu ka.

B: はい、おかげさまで。　(Yes, thankfully.)
Hai,　okagesamade.

❼ **A:** いつも　おせわになっています。　(Thank you for being helpful.)
Itsumo　osewani natteimasu.

B: こちらこそ。　(Thank you.)
Kochirakoso.

❽ **A:** ありがとうございます。　(Thank you.)
Arigatō gozaimasu.

B: いいえ、どういたしまして。　(You're welcome.)
Iie,　dōitashimashite.

2 Exchanging business cards 名刺交換 🔊 ST-2-2

Tanaka: だいじょうぶぎんこうの　たなかです。　(I am Tanaka from Daijobu Bank.)
Daijōbu Ginkō no　Tanaka desu.

はじめまして。　どうぞ　よろしく　おねがいします。　(How do you do? Nice to meet you.)
Hajimemashite.　Dōzo　yoroshiku　onegai shimasu.

Pen: サンじどうしゃの　ペンです。　(I am Pen from Sun Autos.)
San Jidōsha no　Pen desu.

はじめまして。　どうぞ　よろしく　おねがいします。
Hajimemashite.　Dōzo　yoroshiku　onegai shimasu.

3 Greetings when moving in 引越しのあいさつ 🔊 ST-2-3

Pen: となりの　ペンです。　(I am Pen from next door.)
Tonari no　Pen desu.

これから　おせわになります。　(I would be grateful for your assistance.)
Korekara　osewani narimasu.

よろしく　おねがいします。　(Nice to meet you. / Thank you in advance.)
Yoroshiku　onegai shimasu.

Neighbor: こちらこそ。　よろしく　おねがいします。　(The pleasure is mine. Nice to meet you.)
Kochirakoso.　Yoroshiku　onegai shimasu.

- すみません。 おしえてください。 (Excuse me. Please tell me [how to fill this out].)
  Sumimasen.   Oshiete kudasai.
- (これは) なんですか。 (What is this?)
  (Kore wa)   nan desu ka.
- (ここに) なにを かきますか。 (What should I write [in this box]?)
  (Koko ni)   nani o   kakimasu ka.

■ How to fill out forms in Japanese 用紙の書き方

❶住所	❷フリガナ		❼電話番号	( )
❸〒 ☐☐☐－☐☐☐☐			❽携帯電話番号	( )
			❾性別	☐男　☐女
❹名前	フリガナ ❺姓	❻名	❿生年月日	☐大正　☐昭和　☐平成　　　　年　　　月　　　日

❶	住所	*jūsho*	address
			＊ご住所 (*go-jūsho*) and おところ (*o-tokoro*) are also used.
❷	フリガナ	*furigana*	*hiragana/katakana* added to indicate the readings of kanji
❸	〒		a mark placed at the front of a zip code
			＊郵便番号 (*yūbin-bangō*) is also used here.
❹	名前	*namae*	name
			＊おなまえ (*o-namae*) and 氏名 (*shimei*) are also used here.
❺	姓	*sei*	family name
❻	名	*mei*	given name
			＊ It is customary in Japan to write the family name first.
❼	電話番号	*denwa-bangō*	telephone number
❽	携帯電話番号	*keitai denwa-bangō*	mobile telephone number
❾	性別	*seibetsu*	sex
	男／女	*otoko / on'na*	male / female
❿	生年月日	*seinengappi*	birth date
	大正	*Taishō*	Era in the Japanese traditional calendar (1912–1925)
	昭和	*Shōwa*	Era in the Japanese traditional calendar (1926–1988)
	平成	*Heisei*	Era in the Japanese traditional calendar (1989 to the present)
			＊Some documents require your birth year to be written in Japanese traditional calendar year such as "平成～年 ."
	年	*nen*	year
	月	*gatsu*	month
	日	*nichi*	date

1 Buying stamps 切手を買う

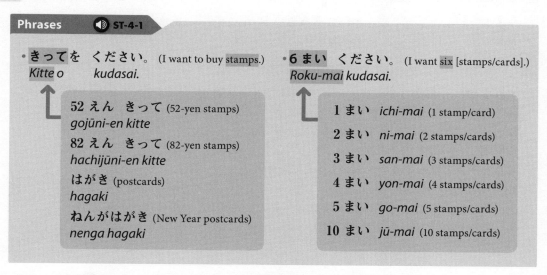

Phrases 🔊 ST-4-1

• きってを ください。 (I want to buy stamps.)
 Kitte o *kudasai.*

 52 えん きって (52-yen stamps)
 gojūni-en kitte

 82 えん きって (82-yen stamps)
 hachijūni-en kitte

 はがき (postcards)
 hagaki

 ねんがはがき (New Year postcards)
 nenga hagaki

• 6まい ください。 (I want six [stamps/cards].)
 Roku-mai kudasai.

 1まい *ichi-mai* (1 stamp/card)
 2まい *ni-mai* (2 stamps/cards)
 3まい *san-mai* (3 stamps/cards)
 4まい *yon-mai* (4 stamps/cards)
 5まい *go-mai* (5 stamps/cards)
 10まい *jū-mai* (10 stamps/cards)

• Postage for domestic mail is 52 yen for a postcard and 82 yen for a letter (standard size, weighing up to 25 grams as of October 2014).
• Stamps and postcards are also sold at shops displaying the 〒 sign.

2 Sending mail and parcels overseas 外国に手紙や荷物を送る

Phrases 🔊 ST-4-2

• アメリカまで おねがいします。 (I want to send this to America.)
 Amerika made onegai shimasu.
                                        → See Glossary 9.

• エアメールで／ふなびんで／EMSで おねがいします。 (By airmail/surface/EMS, please.)
 Eamēru de Funabin de EMS de onegai shimasu.

• どのぐらい かかりますか。 (How long does it take [to send this]?)
 Donogurai kakarimasu ka.

• The postage for letters sent overseas depends on their weight, size, destination and the method of sending them (air or surface). A postcards to all over the world costs 70 yen (as of October 2014). The postage for greeting cards weighing up to 25 grams is as follows:

To Asia	90 yen
To North/Central America, Europe, Middle East, Oceania	110 yen
To South America, Africa	130 yen

• There are four methods of delivery for parcels sent overseas (air, surface, EMS and SAL). You can check the fee and delivery time for each method on Japan Post's website. (http://www.post. japanpost.jp/english/index.html)

Words & Phrases 🔊 ST-5-1

- ライト (light)
  raito

- ざいりゅうカード (Residence Card)
  zairyū kādo

- すみません。 わかりません。 (Excuse me. I don't understand.)
  Sumimasen. Wakarimasen.

- ゆっくり おねがいします。 (Please speak slowly.)
  Yukkuri onegai shimasu.

- すみません、なんですか。 (Excuse me, what is it?)
  Sumimasen, nan desu ka.

- あ、わかりました。 きをつけます。 (Oh, now I understand. I will be careful.)
  A, wakarimashita. Ki o tsukemasu.

■ When riding a bicycle at night, you are stopped by a policeman 🔊 ST-5-2
夜自転車で走っていて、警察官に呼び止められる

Policeman: ◆○▲×●□▼。[ちょっと止まってください。自転車、無灯火運転ですよ。]

You: すみません。 わかりません。 ゆっくり おねがいします。
Sumimasen. Wakarimasen. Yukkuri onegai shimasu.

Policeman: ライト ◆○▲×●□▼。[ライトが消えています。]
Raito

You: 「ライト」？ すみません。 なんですか。
"Raito"? Sumimasen. Nan desu ka.

Policeman: [The policeman explains with a gesture.] 警官がジェスチャーで示す。

これ、これ。 これですよ。
Kore, kore. Kore desu yo.

You: あ、わかりました。 きをつけます。
A, wakarimashita. Ki o tsukemasu.

Policeman: ざいりゅうカード ◆○▲×●□▼。[在留カードを見せてください。]
Zairyū kādo

You: はい。
Hai.

Note: Basically, bicycles should keep to the left and obey traffic rules like cars. Failure to follow traffic laws will result in you being fined.

Riding a Train 電車に乗る

Words & Phrases 🔊 ST-6-1

- えき (station)
  eki

- でんしゃ (train)
  densha

- 5ばんせん (Track No.5)
  go-bansen

- でぐち (exit)
  deguchi

- 3ばんでぐち (Exit No.3)
  san-ban deguchi

- つぎの (next)
  tsugi no

- よこはまに いきたいです。 (I want to go to Yokohama.)
  Yokohama ni ikitai desu.

- なんばんせんですか。 (What is the track number?)
  Nan-bansen desu ka.

- これ、よこはまに いきますか。 (Does this [train] go to Yokohama?)
  Kore, Yokohama ni ikimasu ka.

- いきますか、いきませんか。[*say politely*] (Does it go or not?)
  Ikimasu ka, ikimasen ka.

- これ、よこはまに とまりますか。 (Does this [train] stop at Yokohama?)
  Kore, Yokohama ni tomarimasu ka.

- どこで のりかえますか。 (Where should I transfer?)
  Doko de norikaemasu ka.

1 Asking the track number for trains to Yokohama ホームを探す 🔊 ST-6-2

[*Near the ticket gate*] 改札口で

You: すみません。 よこはまに いきたいです。
　　　　Sumimasen.　Yokohama ni　ikitai desu.

　　　　なんばんせんですか。
　　　　Nan-bansen desu ka.

Stranger: ◆○▲×● 5ばんせん ▲×●□▼。[横浜に行く電車は5番線ですよ。]
　　　　　　　　　　go-bansen

You: 5ばんせんですね？
　　　　Go-bansen desu ne?

Stranger: はい、そうです。
　　　　　　Hai,　sō desu.

2 Confirming the train 電車を確認する 🔊 ST-6-3

[*At the platform*] 駅のホームで

A **You:** すみません。 これ、よこはまに いきますか。
Sumimasen. Kore, Yokohama ni ikimasu ka.

Stranger: ◆○▲×●□▼。[この電車は川崎行きだから横浜まで行かないですよ。]

You: すみません。 いきますか、いきませんか。[*say politely*]
Sumimasen. Ikimasu ka, ikimasen ka.

Stranger: いきません。 つぎの でんしゃです。 ←
Ikimasen. Tsugi no densha desu.

> • 2じはんの でんしゃです。 (Take the train leaving at 2:30.)
>   *Ni-ji han no densha desu.*
>
> • あの でんしゃです。 (Take that train over there.)
>   *Ano densha desu.*

B **You:** すみません。 これ、よこはまに とまりますか。
Sumimasen. Kore, Yokohama ni tomarimasu ka.

Stranger: はい。 とまります。
Hai. Tomarimasu.

C **You:** よこはまに いきたいです。 どこで のりかえますか。
Yokohama ni ikitai desu. Doko de norikaemasu ka.

Stranger: つぎの えきです。 ←
Tsugi no eki desu.

> • 3つめの えきです。 (Change at the third station from here.)
>   *Mittsu-me no eki desu.*
>
> • しながわです。 (Change at Shinagawa Station.)
>   *Shinagawa desu.*

3 Asking which exit is nearest to Sakura Department Store 🔊 ST-6-4
さくらデパートに一番近い出口をたずねる

You: さくらデパートに いきたいです。 でぐちは どこですか。
Sakura depāto ni ikitai desu. Deguchi wa doko desu ka.

Stranger: 3ばんでぐちです。
San-ban deguchi desu.

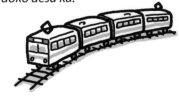

■ Train Timetable 時刻表

時刻表		東京・大山方面
平日		**土曜・休日**

平日

5	大 42
6	3　22　41　特 56
7	急　準　特 4　12　23　32　41　50　55
8	快　急　準 2　8　14　19　23　27　33　38　43　49　53
9	0　5　9　14　21　26　33　43　51
22	5　12　22　33　45　48
23	大 12　27　47　55
0	13

土曜・休日

5	大 42
6	特 3　22　42
7	特 1　19　33　44　45
8	快 4　14　23　34　45　56
9	1　12　21　31　42　54
22	2　18　34　51
23	大 10　28　52
0	12

無印：東京行　　大：大山行
無印：普通・各駅　特：特急　急：急行　快：快速　準：準急

～方面	~ hōmen	direction to ~; heading for ~
平日	heijitsu	weekday (Monday to Friday)
土曜	doyō	Saturday
休日	kyūjitsu	holidays (Sunday and national holidays)
無印	mujirushi	no mark
東京行	Tōkyō iki	to Tokyo
普通／各駅	futsū/kakueki	local train
特急	tokkyū	special express train
急行	kyūkō	express train
快速	kaisoku	rapid-transit train
準急	junkyū	local express train

Note: Different rail companies have different kinds of train services.

	平日	土曜・休日
始発（東京行）	当駅 5:42 発	当駅 5:42 発
終電（東京行）	当駅 0:13 発	当駅 0:12 発

始発	shihatsu	first train of the day
終電	shūden	last train of the day
当駅	tōeki	this station
～発	~ hatsu	departing from/at ~

Phrases 🔊 ST-7-1

- **ぎんざに いきたいです。** (I want to go to Ginza.)
  Ginza ni   ikitai desu.

- **これ、ぎんざに いきますか。** (Does this [bus] go to Ginza?)
  Kore,   Ginza ni   ikimasu ka.

- **いきますか、いきませんか。** [*say politely*] (Does it go or not?)
  Ikimasu ka,   ikimasen ka.

- **バスは どこですか。** (Where is the bus [for Ginza]?)
  Basu wa   doko desu ka.

---

1 **Finding the right bus at the bus terminal** バス乗り場でバスを探す 🔊 ST-7-2

1 **You:**   すみません。 ぎんざに いきたいです。
               Sumimasen.   Ginza ni   ikitai desu.

                   これ、ぎんざに いきますか。
               Kore,   Ginza ni   ikimasu ka.

   Stranger: ◆○▲×●□▼。 [このバスは上野行きのバスだから銀座には行かないですよ。]

2 **You:**   すみません。いきますか、いきませんか。[*say politely*]
               Sumimasen. Ikimasu ka,   ikimasen ka.

   Stranger: いきません。
            Ikimasen.

3 You: ぎんざに　いきたいです。　バスは　どこですか。
Ginza ni　ikitai desu.　Basu wa doko desu ka.

Stranger: あの　バスです。←
Ano　basu desu.

> ・つぎの　バスです。　(It's the next bus.)
> *Tsugi no　basu desu.*
>
> ・3 じの　バスです。　(It's the bus leaving at 3:00.)
> *San-ji no basu desu.*
>
> ・3 ばんの　バスです。　(It's Bus No. 3.)
> *San-ban no basu desu.*

4 You: どうも　ありがとうございます。
Dōmo　arigatō gozaimasu.

2 Telling the driver where you want to get off   ST-7-3
運転手にどこで降りるか伝える

- If you want to get off the bus at the next stop that is announced, press the stop button to notify the driver.
- If you have trouble hearing or understanding the stops announced on a bus, it is a good idea to tell the driver beforehand where you want to get off.

> ・ぎんざで　おりたいです。　(I want to get off at Ginza.)
> *Ginza de　oritai desu.*
>
> ・すみません。　おしえてください。　(Excuse me. Please tell me [when we are there].)
> *Sumimasen.　Oshiete kudasai.*

- You can get on a bus at a bus stop (*basu-tei* バス停) or a bus terminal (*basu noriba* バス乗り場).
- There are two kinds of fare systems:

(1) *Saki-barai* (先払い): You pay a flat-rate fare when you get on.
(2) *Ato-barai* (後払い): You pick up a numbered ticket (*seiri-ken* 整理券) when you board, and pay the amount indicated for your number on the fare panel when you get off.

Recently a growing number of bus services accept payment by smartcards (such as Suica, Pasmo, etc.).

Strategy 8 — Riding a Taxi タクシーに乗る

1 Catching a taxi タクシーを拾う

You can hail a cruising taxi on the street, or catch a taxi at a taxi stand (*takushī noriba*). When hailing a taxi, please take note of the following signs shown in the windshield.

空車 ❶ 「空車」くうしゃ *(kūsha)*: empty taxi (free taxi)
This sign means that the taxi is available. You can hail it by raising your hand.

割増 ❷ 「割増」わりまし *(warimashi)*: increased fare
Taxies usually increase their fare by about 20% from late night to early morning. This sign is shown during that time.

回送 ❸ 「回送」かいそう *(kaisō)*: off duty
This sign means the taxi is off duty. You cannot hail it.

2 Riding a taxi タクシーに乗る

Words & Phrases 🔊 ST-8-1

- まっすぐ (straight)
  massugu
- みぎ (right)
  migi
- ひだり (left)
  hidari

- つぎの しんごう (next signal)
  tsugi no shingō
- つぎの かど (next corner)
  tsugi no kado
- レシート (receipt)
  reshīto

- 「レストランさくら」 おねがいします。 ("Restaurant Sakura," please.)
  "Resutoran SAKURA" onegai shimasu.

- ここです。 わかりますか。 [*showing a map*] (It's here. Do you know [where this is]?)
  Koko desu. Wakarimasu ka.

- ゆっくり おねがいします。 (Go slowly, please.)
  Yukkuri onegai shimasu.

- ここです。 とめてください。 (This is it. Please stop.)
  Koko desu. Tomete kudasai.

A Telling the destination to the driver 運転手に目的地を告げる 🔊 ST-8-2

You: 「レストランさくら」 おねがいします。
"Resutoran SAKURA"   onegai shimasu.

Driver: ◆○▲✕●□▼。［ちょっとわかりませんね。どの辺にありますか。］

You: ここです。 わかりますか。 [*showing a map to the restaurant*] 地図を見せる
Koko desu.   Wakarimasu ka.

Driver: あ、わかりました。
A,   wakarimashita.

B Giving detailed directions when approaching the destination 🔊 ST-8-3
目的地に近づき、道順をくわしく伝える

You: ゆっくり おねがいします。
Yukkuri   onegai shimasu.

❶ まっすぐ おねがいします。
Massugu   onegai shimasu.

❷ つぎの しんごう（を）、みぎ（に） おねがいします。
Tsugi no shingō (o),   migi (ni)   onegai shimasu.

❸ つぎの かど（を）、ひだり（に） おねがいします。
Tsugi no kado (o),   hidari (ni)   onegai shimasu.

❹ ここです。 とめてください。 レシート おねがいします。
Koko desu. Tomete kudasai. Reshīto   onegai shimasu.

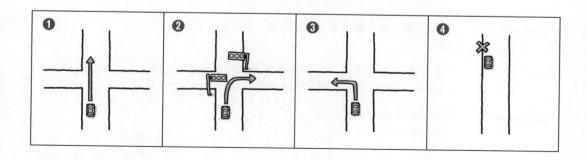

Train Trouble 電車のトラブル

Words & Phrases 🔊 ST-9-1

- じこ (accident)
  jiko
- こしょう (breakdown)
  koshō
- すぐ (soon)
  sugu

- うごきます (move)
  ugokimasu
- きます (come)
  kimasu
- どうやって (how)
  dōyatte

- アナウンス（は） なんですか。 (What is that announcement saying?)
  Anaunsu (wa)   nan desu ka.

- すぐ うごきますか、うごきませんか。[*say politely*] (Will this train start moving soon or not?)
  Sugu ugokimasu ka, ugokimasen ka.

- でんしゃは きますか、きませんか。[*say politely*] (Is the train coming or not?)
  Densha wa   kimasu ka, kimasen ka.

- うえのに いきたいです。 どうやって いきますか。
  Ueno ni   ikitai desu.   Dōyatte   ikimasu ka.
  (I want to go to Ueno. How can I go there?)

---

1 The train you are on board suddenly stops, and there is an announcement.

電車が止まりアナウンスが流れる

🔊 ST-9-2

Announcement: ◆○▲×●□▼○▲×●□▼○▲×●□▼。
[新宿駅で人身事故が発生したため、しばらく運転を中止いたします。お急ぎのところ、ご迷惑をおかけいたします。]

You: すみません。 アナウンス（は） なんですか。
Sumimasen.   Anaunsu (wa)   nan desu ka.

Passenger: じこ ◆○▲×●□▼。[事故があったみたいですよ。]
Jiko

You: すみません。 すぐ うごきますか、うごきませんか。[*say politely*]
Sumimasen.   Sugu ugokimasu ka,   ugokimasen ka.

Passenger: うごきません。
Ugokimasen.

2 **While waiting for a train, you hear an announcement. Passengers begin to move towards the gate.** 駅のホームで電車遅延のアナウンスが流れる 🔊 ST-9-3

Announcement:	◆○▲×●□▼○▲×●□▼○▲×●□▼。
	［信号機の故障が発生したため、ただいま運転を見合わせております。地下鉄、バスで振り替え輸送を実施しております。お急ぎのところ、ご迷惑をおかけいたします。］
You:	すみません。 アナウンス（は）　なんですか。
	Sumimasen.　Anaunsu (wa)　nan desu ka.
Stranger:	こしょう ◆○▲×●□▼。［故障のため運転見合わせだそうです。］
	Koshō
You:	すみません。 でんしゃは　きますか、きませんか。 *[say politely]*
	Sumimasen.　Densha wa　kimasu ka,　kimasen ka.
Stranger:	きません。
	Kimasen.

Substitute transportation service (*furikae yusō*= 振替輸送)

When a train service stops due to an accident, breakdown, disaster, etc., you can get a ticket for substitute transportation service (*furikae yusō*), allowing you to use other lines free of charge to go to your destination.

---

3 **You go to the ticket gate and ask about substitute transportation.** 🔊 ST-9-4
改札口で他の路線について聞く

You:	うえのに　いきたいです。　どうやって　いきますか。
	Ueno ni　ikitai desu.　Dōyatte　ikimasu ka.
Attendant:	◆○▲×● ぎんざせん ▲×●□▼。［地下鉄銀座線に乗ってください。］
	Ginza-sen

Shopping 買い物

1 At a department store デパートで 🔊 ST-10-1

❶ それ（を）みせてください。 (Please show me that one.)
Sore (o)   misete kudasai.

❷ もっと おおきいの（は）ありますか。 (Do you have a bigger one?)
Motto   ookii no (wa)   arimasu ka.

❸ もっと ちいさいの（は）ありますか。 (Do you have a smaller one?)
Motto   chiisai no (wa)   arimasu ka.

❹ ほかの（は）ありますか。 (Do you have any others?)
Hoka no (wa) arimasu ka.

❺ しちゃく（しても）いいですか。 (May I try it on?)
Shichaku (shitemo)   ii desu ka.

2 At a convenience store / supermarket コンビニ・スーパーで 🔊 ST-10-2

❶ あたためてください。 (Please heat up [this lunch pack].)
Atatamete kudasai.

❷ ふくろは けっこうです。 (I don't need a bag.)
Fukuro wa kekkō desu.

❸ しょうゆは どれですか。 (Which one is soy sauce?)
Shōyu wa   dore desu ka.   → See Glossary 12 and 13.

3 At an electronics store 家電量販店で 🔊 ST-10-3

Many people in Japan buy electronics and appliances at big electronics stores, which usually offer discounts. You can also ask for extended warranties and delivery service if necessary.

❶ **キャモンの カメラ** （は） ありますか。 (Do you have a Camon camera?)
Kyamon no kamera (wa) arimasu ka.

❷ もっと やすいの（は） ありますか。 (Do you have a cheaper one?)
Motto yasui no (wa) arimasu ka.

❸ ディスカウント できますか。 (Can you give me a discount?)
Disukaunto dekimasu ka.

* Sales assistants will often ask if you want to buy an extended warranty.

❹ にほんせいですか。 (Is this made in Japan?)
Nihon-sei desu ka.

❺ いいえ、けっこうです。 (No, thank you.)
Iie, kekkō desu.

❻ はいたつ おねがいします。 (I want it delivered.)
Haitatsu onegai shimasu.

Dining at an *Izakaya* 居酒屋に行く

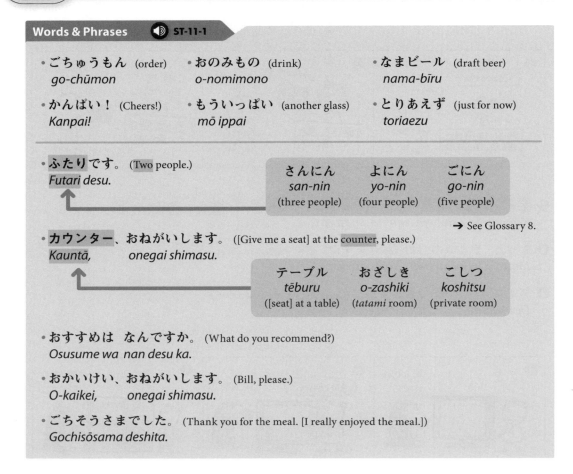

Words & Phrases 🔊 ST-11-1

- ごちゅうもん (order)
  go-chūmon
- おのみもの (drink)
  o-nomimono
- なまビール (draft beer)
  nama-bīru

- かんぱい！ (Cheers!)
  Kanpai!
- もういっぱい (another glass)
  mō ippai
- とりあえず (just for now)
  toriaezu

- **ふたり**です。 (Two people.)
  Futari desu.

さんにん	よにん	ごにん
san-nin	*yo-nin*	*go-nin*
(three people)	(four people)	(five people)

  → See Glossary 8.

- **カウンター**、おねがいします。 ([Give me a seat] at the counter, please.)
  Kauntā,   onegai shimasu.

テーブル	おざしき	こしつ
tēburu	*o-zashiki*	*koshitsu*
([seat] at a table)	(*tatami* room)	(private room)

- おすすめは なんですか。 (What do you recommend?)
  Osusume wa nan desu ka.

- おかいけい、おねがいします。 (Bill, please.)
  O-kaikei,   onegai shimasu.

- ごちそうさまでした。 (Thank you for the meal. [I really enjoyed the meal.])
  Gochisōsama deshita.

Izakaya are the Japanese pubs and are good places to have a casual meal, offering all sorts of food, a hearty atmosphere, and a wide variety of beer, sake, and other drinks. Traditional pubs can be identified by their rustic appearance and the red lanterns outside their doors bearing the kanji for *izakaya*. When you enter, you are given the choice of sitting at the counter or at a table (sometimes a *tatami* floor).

1 Entering an *izakaya* 居酒屋に入る 🔊 ST-11-2

Server: いらっしゃいませ。 ▲✕●□▼ ですか。［何名様ですか。］
Irasshaimase.   desu ka.

You: ふたりです。
Futari desu.

Server: ◆○▲✕● カウンター ▲✕●□▼。［お席はカウンター席でよろしいですか。］
kauntā

You: カウンター、おねがいします。
Kauntā,   onegai shimasu.

2 Ordering drinks 飲み物を注文する 🔊 ST-11-3

Server: おのみものは ▲×●□▼ か。［お飲み物はお決まりですか。］
O-nomimono wa ka.

Friend: とりあえず なまビール。
Toriaezu nama-bīru.

You: わたしは グラスワイン。
Watashi wa gurasu-wain.

［*Your order comes.*］注文が来る

Server: ◆○▲×●□▼。［お待たせいたしました。］ ビールと グラスワインです。
Bīru to gurasu-wain desu.

こちらは ＊おとおしです。◆○▲×●□▼。［ごま和えです。］
Kochira wa otooshi desu.

                      ＊ *otooshi:* A traditional small appetizer served with the first drink. You may be charged for it, even though you did not request it.

3 Ordering food 食べ物を注文する 🔊 ST-11-4

Server: ごちゅうもんは ▲×●□▼ か。［ご注文はお決まりですか。］
Go-chūmon wa ka.

You: おすすめは なんですか。
Osusume wa nan desu ka.

Server: こちら ◆○▲×●▲×●□▼。［こちらの刺身やこちらのお好み焼きが人気です。］
Kochira

You: ［*Pointing to items on the menu*］メニューを指しながら

じゃ、これと これ、おねがいします。
Ja, kore to kore, onegai shimasu.

4 Ordering another drink 飲み物をもう一度注文する 🔊 ST-11-5

You: かんぱい！
Kanpai!

You: ［*Showing your glass*］グラスを見せながら

もういっぱい、おねがいします。
Mō ippai, onegai shimasu.

5 Paying the bill 支払いをする 🔊 ST-11-6

You: おかいけい、おねがいします。
O-kaikei, onegai shimasu.

You: ［*After paying the bill*］支払いのあと
ごちそうさまでした。
Gochisōsama deshita.

Strategy 12 — At the Hair Salon / Barber 美容院・床屋で

1 Visiting a hair salon 美容院に行く 🔊 ST-12-1

❶ はじめてです。 いま　だいじょうぶですか。 (This is my first time here. Is now okay?)
Hajimete desu.　Ima　daijōbu desu ka.

❷ よやくしました。 ペンです。 (I made a reservation. My name is Pen.)
Yoyaku shimashita. Pen desu.

Note: When going to a hair salon, you should make a reservation beforehand.

2 Saying how you would like to get your hair done 希望の髪形を告げる 🔊 ST-12-2

❶ カット　おねがいします。 (I would like to have my hair cut.)
Katto　onegai shimasu.

パーマ　おねがいします。 (I would like to have my hair permed.)
Pāma　onegai shimasu.

カラー　おねがいします。 (I would like to have my hair dyed.)
Karā　onegai shimasu.

❷ [*Showing a photo clipping of your favorite style*]

こんな　かんじ（で）、おねがいします。 (Can you do it like this, please?)
Konna　kanji (de),　onegai shimasu.

3 Making additional requests 追加でリクエストを伝える 🔊 ST-12-3

❶ ここは このぐらい きってください。 (Cut this much here, please.)
Koko wa konogurai kitte kudasai.

❷ ここは まっすぐ きってください。 (Cut straight here, please.)
Koko wa massugu kitte kudasai.

❸ ここは そろえてください。 (Trim here, please.)
Koko wa soroete kudasai.

❹ ここは このまま（で）。 (Keep here as it is, please.)
Koko wa konomama (de).

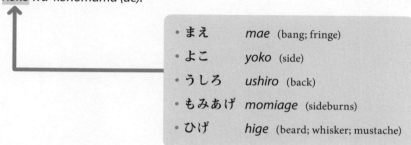

- まえ　　　*mae* (bang; fringe)
- よこ　　　*yoko* (side)
- うしろ　　*ushiro* (back)
- もみあげ　*momiage* (sideburns)
- ひげ　　　*hige* (beard; whisker; mustache)

4 Checking the results 仕上がりを確認する 🔊 ST-12-4

❶ ここは もうすこし かるくしてください。 (Please thin it out here.)
Koko wa mō sukoshi karuku shite kudasai.

❷ いいですね。 ありがとう。 (It looks good. Thank you.)
Ii desu ne. Arigatō.

Note: You do not need to pay tips at hair salons/barbers in Japan.

Words & Phrases 🔊 ST-13

• クリーニング (cleaning)
kurīningu

• みずあらい おねがいします。 (Wash it with water, please.)
Mizuarai onegai shimasu.

• しみぬき おねがいします。 (Stain removal, please.)
Shiminuki onegai shimasu.

• のりづけ おねがいします。 (Starch it, please.)
Norizuke onegai shimasu.

• おりめ（を）つけてください。 (Make creases, please.)
Orime (o) tsukete kudasai.

• ハンガーで おねがいします。 (Put it on a hanger, please.)
Hangā de onegai shimasu.

• たたみで おねがいします。 (Fold it, please.)
Tatami de onegai shimasu.

• しあがりは いつですか。 (When will it be finished?)
Shiagari wa itsu desu ka.

■ Price list 料金表

❦ クリーニング 料金 Price List ❦

ワイシャツ waishatsu	shirts	180 円	背広（上）sebiro (ue)	suit jackets	700 円
ブラウス burausu	blouses	200 円	背広（下）sebiro (shita)	suit slacks	1,200 円
スカート sukāto	skirts	400 円	婦人スーツ fujin sūtsu	ladies' suits	900 円
セーター sētā	sweaters	350 円	ワンピース wanpīsu	dresses	700 円
ズボン zubon	pants	500 円	コート kōto	coats	1,000 円

Express Parcel Delivery Service 宅配便

- たくはいびん　おねがいします。 (Express parcel delivery, please.)
  Takuhaibin onegai shimasu.

- でんぴょうを　ください。 (Please give me a delivery slip*.)
  Denpyō o kudasai.

- なかみは　たべものです。 (There is food inside.)
  Nakami wa tabemono desu. → See Glossary 12 and 13.

- われものが　あります。 (There's a fragile thing inside.)
  Waremono ga arimasu.

- われものは　ありません。 (There are no fragile things inside.)
  Waremono wa arimasen.

- はいたつは　ごぜんちゅう　おねがいします。 (Please deliver it in the morning.)
  Haitatsu wa gozen-chū onegai shimasu. → See Glossary 4-6.

- にもつを　とりに　きてください。 (Please come and pick up a parcel [for delivery].)
  Nimotsu o tori ni kite kudasai.

■ Delivery slip 送り状

お届け先
o-todokesaki
(receiver's information)

ご依頼主
go-irainushi
(sender's information)

				お問い合わせ番号		午　前　中
お届け先	郵便番号	□□□－□□□□				12～14 時
	電話番号	（　　）		受付日　年　月　日	お届け予定日　年　月　日	
	住所			ご希望のお届け日　　　月　　日		14～16 時
				品名 (ワレモノ・なまもの)		16～18 時
						18～20 時
	氏名	様		ゴルフ・スキー・空港	クラブ本数　本 / プレー日又は搭乗日	20～21 時
ご依頼主	郵便番号	□□□－□□□□		クール	冷凍　　冷蔵	
	電話番号	（　　）				
	住所					
	氏名	様				

Restaurant Reservations レストランの予約

Words & Phrases 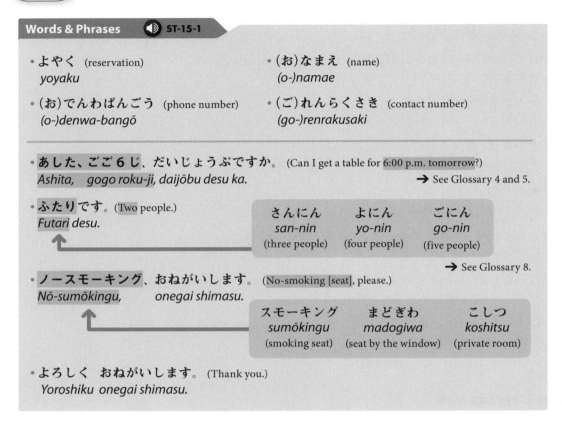 ST-15-1

- よやく (reservation)
  yoyaku

- （お）でんわばんごう (phone number)
  (o-)denwa-bangō

- （お）なまえ (name)
  (o-)namae

- （ご）れんらくさき (contact number)
  (go-)renrakusaki

- **あした、ごご６じ、だいじょうぶですか**。 (Can I get a table for 6:00 p.m. tomorrow?)
  Ashita,　gogo roku-ji, daijōbu desu ka.
  → See Glossary 4 and 5.

- **ふたり**です。(Two people.)
  Futari desu.

さんにん	よにん	ごにん
san-nin	*yo-nin*	*go-nin*
(three people)	(four people)	(five people)

  → See Glossary 8.

- **ノースモーキング**、おねがいします。 (No-smoking [seat], please.)
  Nō-sumōkingu,　　onegai shimasu.

スモーキング	まどぎわ	こしつ
sumōkingu	*madogiwa*	*koshitsu*
(smoking seat)	(seat by the window)	(private room)

- **よろしく　おねがいします**。 (Thank you.)
  Yoroshiku　onegai shimasu.

■ Calling a restaurant to make a reservation 予約をする ST-15-2

You: よやく、おねがいします。
Yoyaku,　onegai shimasu.

あした、ごご６じ、だいじょうぶですか。 ふたりです。
Ashita,　gogo roku-ji, daijōbu desu ka.　　Futari desu.

Clerk: はい。 ◆○▲✕●□▼ か。［お席のご希望はございますか。］
Hai.　　　　　　　ka.

You: ノースモーキング、おねがいします。
Nō-sumōkingu,　　onegai shimasu.

Clerk: おなまえと　おでんわばんごう ◆○▲✕●□▼。［〜をいただけますか。］
O-namae to　o-denwa-bangō

You: ペン・ギンです。 でんわばんごうは 03-1122-2233 です。
Pen Gin desu.　　Denwa-bangō wa　03-1122-2233 desu.

Clerk: ◆○▲✕●□▼。○✕▼□●✕■。［ご予約を承りました。お待ちしております。］

You: よろしく　おねがいします。
Yoroshiku　onegai shimasu.

Medical Care in Japan 日本の病院

1 General hospitals and clinics 総合病院と医院・診療所

There are two basic categories of medical centers in Japan: general hospitals and clinics. When you need to see a doctor, you have to decide which type of center to visit.

医院・診療所・クリニック *(iin・shinryōjo・kurinikku)*	総合病院 *(sōgō byōin)*
Clinics specializing in certain medical fields and / or providing general consultation and care	General hospitals with full facilities for hospitalization and examinations (university hospitals and community hospitals)

You should bring a letter of referral from your local doctor when going to a hospital. Doing so will avoid any unnecessary delays. A letter is not necessary in emergency cases. It's a good idea to hook yourself up with a family doctor at a local clinic so that he/she can introduce you to an appropriate general hospital when necessary.

2 Medical fields 診療科

内科	*naika*	internal medicine
外科	*geka*	surgery
整形外科	*seikeigeka*	orthopedics
眼科	*ganka*	ophthalmology
歯科	*shika*	dentistry
皮膚科	*hifuka*	dermatology
産婦人科	*sanfujinka*	obstetrics & gynecology
小児科	*shōnika*	pediatrics
耳鼻咽喉科	*jibiinkōka*	ear; nose; throat
泌尿器科	*hinyōkika*	urology
神経内科	*shinkeinaika*	neurology
精神科	*seishinka*	psychiatry

問 診 票
Health Questionnaire

具合の悪い箇所に ○ をつけて下さい。
Circle where you feel bad.

前 Front　　　後 Back

氏名 ＿＿＿＿＿＿＿＿＿＿＿＿＿＿＿＿＿ （ 男・女 ）
Name　　　　　　　　　　　　　　　　 male / female

1 どのような症状ですか。
What sort of symptoms do you have?

2 それはいつ頃からですか。
How long have you had them?

3 他の病院で治療を受けていますか。（ はい・いいえ ）
Are you currently receiving care at another hospital? (Yes / No)

→ 「はい」の方へ：薬を飲んでいますか。 If Yes, are you taking any medicine?
（ はい 〈 薬の名前　　　　　　　　〉・いいえ ）
(Yes [State the name of the drug:　　　　　　] / No)

4 今までに大きな病気にかかったことがありますか。（ はい・いいえ ）
Have you ever had any of the following diseases? (Yes / No)

→ 「はい」の方へ：病名に○をお書き下さい。 If Yes, circle the applicable diseases.

● 呼吸器の病気　　　　● 消化器の病気　　　　● 高血圧症　　　● 心臓の病気
　Respiratory disease　　Disease in digestive organs　Hypertension　　Cardiac disease

● 婦人科の病気　　　　● 泌尿器の病気　　　　● 感染症　　　　● 心の病気
　Gynecological disease　Disease in urinary organs　Infectious disease　Mental illness

その他あれば、お書き下さい。
State any other diseases you have had.

5 お酒を飲みますか。（ はい・いいえ ）
Do you drink alcohol? (Yes / No)

→ 「はい」の方へ：該当するものに ○ をお書き下さい。 If Yes, circle the applicable statement.

● ほとんど毎日飲む　　● 週に１〜３回飲む　　　　● 月に１〜２回飲む
　Drink almost every day　Drink one to three times a week　Drink once or twice a month

6 たばこを吸っていますか。（ はい 〈一日に約＿＿本〉・いいえ ）
Do you smoke? (Yes [　　cigarette(s)/day] / No)

7 アレルギーがありますか。（ はい・いいえ ）
Do you have any allergies? (Yes / No)

8 女性の方へ：妊娠していますか。又、その可能性はありますか。（ はい 〈＿ヶ月〉・いいえ ）
Question for women: Are you pregnant, or is there any possibility that you might be pregnant?
(Yes [＿ months] / No)

サン病院　東京都港区

のみ薬

| | | | 様 |

3日分

	粉薬		個
1回に	カプセル		個
	錠剤		**1**個

		食前	
1日 **2**回		食間	
㊐ 昼 ㊋		食後	○
		寝る前	

2014年5月1日
サン薬局

のみ薬（内服薬）	*nomi-gusuri (naifuku-yaku)*	oral medicine
ぬり薬（軟膏）	*nuri-gusuri (nankō)*	ointment
貼り薬（湿布）	*hari-gusuri (shippu)*	plaster; pad
抗生物質	*kōsei busshitsu*	antibiotics

３日分	*mikka-bun*	for three days
1回に	*ikkai ni*	at a time
粉薬	*kona-gusuri*	powder
カプセル	*kapuseru*	capsule
錠剤	*jōzai*	tablet
1日2回	*ichi-nichi ni-kai*	two times a day
朝	*asa*	morning
昼	*hiru*	noon
晩	*ban*	night
食前	*shokuzen*	before meals
食間	*shokkan*	after meals
食後	*shokugo*	between meals
寝る前（就寝前）	*neru mae (shūshin mae)*	before bedtime

Words & Phrases 🔊 ST-17-1

- しょうぼう (fire department)
  shōbō
- かじ (fire)
  kaji
- きゅうきゅう (medical emergency)
  kyūkyū

- けが (injury)
  kega
- じこ (accident)
  jiko
- びょうき (sickness)
  byōki

- **キッチン**が もえています (my kitchen is burning) → See Glossary 14.
  kitchin ga moete imasu

- いしきが ありません (unconscious)
  ishiki ga arimasen
- たくさん ちが でています (bleeding a lot)
  takusan chi ga dete imasu

- こきゅうが ありません (not breathing)
  kokyū ga arimasen
- **むね**が いたいです (my chest hurts)
  mune ga itai desu

→ See Glossary 20 and 21.

unconscious

not breathing

bleeding a lot

hurts

■ How to state/write addresses in Japanese 日本の住所

Japanese addresses are composed of a block number, block name, municipality/ward/county, and prefecture. They are stated and written in the order from the largest division to the smallest. The mark 〒 (*yūbin bangō*) indicates 7-digit postal code.

〒 106-0032 東京都 港区 六本木 10-2-3 さくらアパート 101
〒 *106-0032 Tōkyō-to Minato-ku Roppongi 10 no 2 no 3 Sakura Apāto 101*

Prefectures	Municipality		Block number
〜県 (*-ken*) Special 4 prefectures: 東京都 (*Tōkyō-to*)　北海道 (*Hokkaidō*) 大阪府 (*Ōsaka-fu*)　京都府 (*Kyōto-fu*)	〜市 (*-shi*) 〜郡 (*-gun*)	〜区 (*-ku*) 〜町 (*-machi*) 〜村 (*-mura*)	〜丁目 (*-chōme*) 〜番(地) (*-banchi*) 〜号 (*-gō*)

When calling 119, it is helpful to give landmarks in addition to the address. → See Glossary 18.
ex. *Midori Shōgakkō no nishi desu.* (It is west of Midori Elementary School.)

119 ばん、しょうぼうです。 かじですか、きゅうきゅうですか。
Hyakujūkyū-ban, shōbō desu. Kaji desu ka, kyūkyū desu ka.
(This is Fire Department. Is it a fire or emergency [for amburance]?)

きゅうきゅうです。
Kyūkyū desu.
(It is emergency [for amburance].)

かじです。
Kaji desu.
(It is a fire.)

なにく、なにまち、なんちょうめ、なんばん、なんごうですか。
Nani-ku, nani-machi, nan-chōme, nan-ban, nan-gō desu ka.
(What is the address?)

みなとく ろっぽんぎ 10-2-3、さくらアパート 101 です。
Minato-ku Roppongi 10 no 2 no 3, Sakura Apāto 101 desu.
(The address is . . .)

どう しましたか。
Dō shimashita ka.
(What is the matter?)

なにが もえていますか。
Nani ga moete imasu ka.
(What is burning?)

けがです。 いしきが ありません。
Kega desu. Ishiki ga arimasen.
(Injury. He/She is unconsious.)

キッチンが もえています。
Kitchin ga moete imasu.
(My kitchen is burning.)

おなまえと でんわばんごうを おしえてください。
O-namae to denwa-bangō o oshiete kudasai.
(Tell us your name and telephone number.)

タンです。 でんわばんごうは 03-1212-3434 です。
Tan desu. Denwa-bangō wa 03-1212-3434 desu.
(My name is Tan. My telephone number is 03-1212-3434.)

わかりました。 すぐ いきます。
Wakarimashita. Sugu ikimasu.
(All right. We will be there right away.)

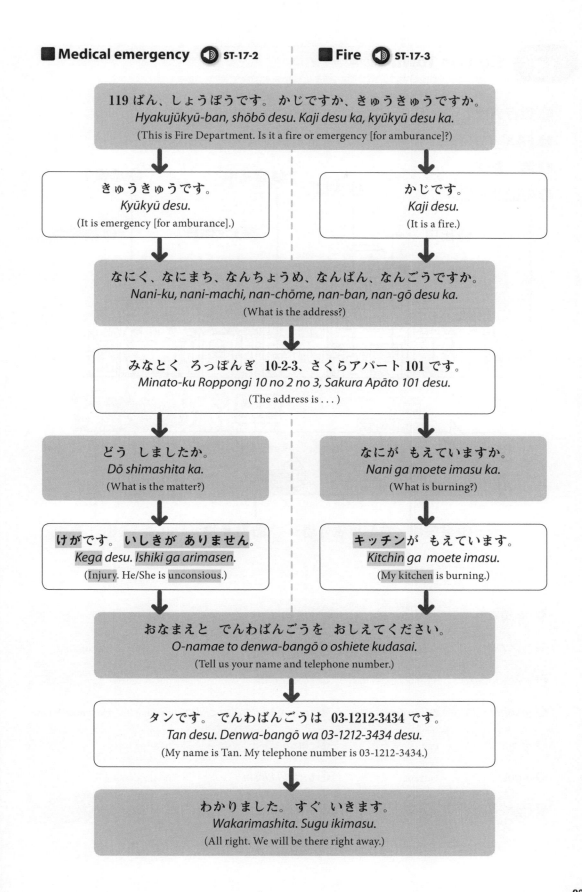

❶ 銀行 ATM
❷ FAX・コピー
❸ 酒・たばこ
❹ 宅配サービス

■ **Town** 町の中

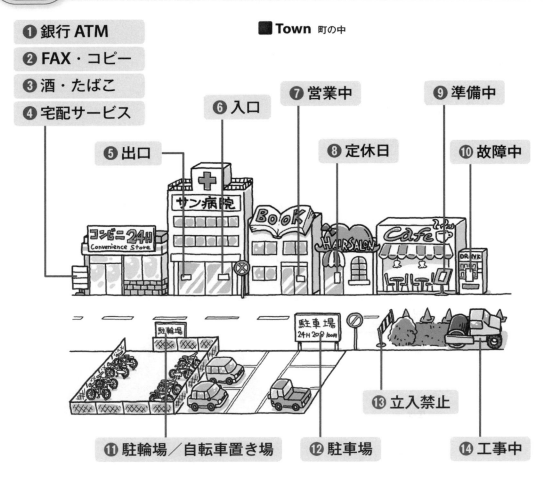

❺ 出口
❻ 入口
❼ 営業中
❽ 定休日
❾ 準備中
❿ 故障中
⓫ 駐輪場／自転車置き場
⓬ 駐車場
⓭ 立入禁止
⓮ 工事中

❶	*ginkō* ATM	ATM machine	❽	*teikyūbi*	closed (regular holiday)
❷	FAX / *kopī*	faxes / copies	❾	*junbi-chū*	closed (in preparation)
❸	*sake / tabako*	alcohol / cigarettes	❿	*koshō-chū*	out of order
❹	*takuhai sābisu*	delivery service	⓫	*chūrinjō / jitensha-okiba*	parking (bicycles, motorbikes)
❺	*deguchi*	exit	⓬	*chūshajō*	parking (cars)
❻	*iriguchi*	entrance	⓭	*tachiiri kinshi*	no trespassing
❼	*eigyō-chū*	open	⓮	*kōji-chū*	road construction

Hospital 病院

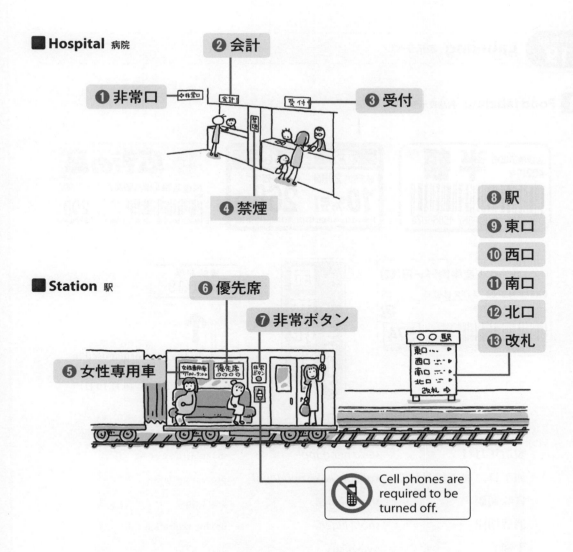

❶ 非常口

❷ 会計

❸ 受付

❹ 禁煙

Station 駅

❺ 女性専用車

❻ 優先席

❼ 非常ボタン

❽ 駅

❾ 東口

❿ 西口

⓫ 南口

⓬ 北口

⓭ 改札

Cell phones are required to be turned off.

❶ *hijō-guchi*	emergency exit	❽ *eki*	station
❷ *kaikei*	payment/cashier	❾ *higashi-guchi*	east exit
❸ *uketsuke*	reception	❿ *nishi-guchi*	west exit
❹ *kin'en*	no smoking	⓫ *minami-guchi*	south exit
❺ *josei sen'yōsha*	women-only car	⓬ *kita-guchi*	north exit
❻ *yūsen-seki*	priority seat	⓭ *kaisatsu*	ticket gate
❼ *hijō-botan*	emergency button		

1 Food labeling 食品表示ラベル

Generally, the date format used in Japan is year/month/day: e.g., 14.10.19 (2014 年 10 月 19 日)

製造年月日	seizō nengappi	manufacturing date
加工日／加工年月日	kakōbi / kakō nengappi	processing date
賞味期限	shōmi kigen	best before
消費期限	shōhi kigen	use by; expiration date
牛肉	gyū-niku	beef
豚肉	buta-niku	pork
鶏肉	tori-niku	chicken
日替わりサービス	higawari sābisu	special of the day
広告の品	kōkoku no shina	as advertised
10%引	juppāsento-biki	10% off
1 割引	ichi wari-biki	10% off
半額	hangaku	half price
セール	sēru	sale
価格	kakaku	price
国産	kokusan	domestic product
～産	~san	product of ~ (origin)

2 Labeling on household goods 日用品のラベル

■ Detergents 洗剤

A wide variety of detergents and cleaners are available in stores in Japan. Try to find these words on the bottle to get the right products.

洗濯用洗剤	sentakuyō senzai	powdered laundry detergent
柔軟剤	jūnanzai	fabric softener
台所用洗剤	daidokoroyō senzai	dishwashing soap
トイレ用洗剤	toireyō senzai	toilet cleaner
風呂用洗剤	furoyō senzai	bathtub cleaner
中性	chūsei	neutral
塩素系	ensokei	chlorine-based
酸性	sansei	acidic
まぜるな危険	mazeruna kiken	DO NOT mix. It's danger.

When you see this label the side of the bottle, DO NOT mix the product with the acidic liquids, as doing so will produce toxic fumes.

■ Clothing labels 服のラベル

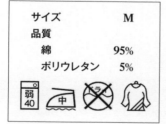

サイズ size
品質 quality
綿 cotton
ポリウレタン polyurethane

	Hot iron (180-210°C)		Chlorine bleach OK		Do not wash
	Warm iron (140-160°C)		Non-chlorine bleach		Dry clean OK
	Cool iron (80-120°C)		Machine wash warm		Line dry in shade
	Hot iron and press with a damp cloth		Machine wash cool (gentle cycle)		Line dry

Strategy 20 — Using Home Appliances 電化製品を使う

1 Microwaves（*Denshi renji* 電子レンジ）

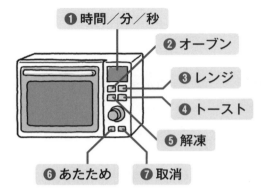

❶時間／分／秒
❷オーブン
❸レンジ
❹トースト
❺解凍
❻あたため
❼取消

❶ *jikan / fun / byō*	time / minute / second
❷ *ōbun*	oven
❸ *renji*	microwave
❹ *tōsuto*	toast
❺ *kaitō*	thaw / defrost
❻ *atatame*	heating
❼ *torikeshi*	cancel

2 Rice cookers（*Suihanki* 炊飯器）

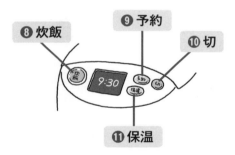

❽炊飯
❾予約
❿切
⓫保温

❽ *suihan*	rice cooking (start)
❾ *yoyaku*	setting a timer
❿ *kiri*	off
⓫ *ho'on*	keep warm

3 Washing machines（*Sentakuki* 洗濯機）

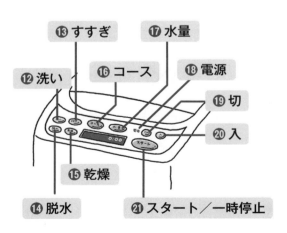

⓭すすぎ
⓱水量
⓬洗い
⓰コース
⓲電源
⓳切
⓴入
⓯乾燥
⓮脱水
㉑スタート／一時停止

⓬ *arai*	wash
⓭ *susugi*	rinse
⓮ *dassui*	spin
⓯ *kansō*	dry
⓰ *kōsu*	course
⓱ *suiryō*	water level
⓲ *dengen*	power
⓳ *kiri*	off
⓴ *iri*	on
㉑ *sutāto / ichijiteishi*	start / pause

4 Remote controls （*Rimokon* リモコン）

■ Air conditioner （*Eakon* エアコン）

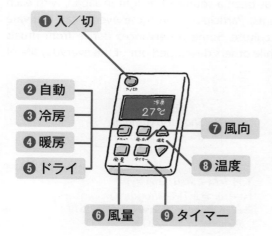

❶ *iri / kiri*	on / off
❷ *jidō*	automatic
❸ *reibō*	cooling
❹ *danbō*	heating
❺ *dorai*	dehumidification
❻ *fūryō*	air flow speed
❼ *fūkō*	air flow direction
❽ *ondo*	temperature
❾ *taimā*	timer

■ TV （*Terebi* テレビ）

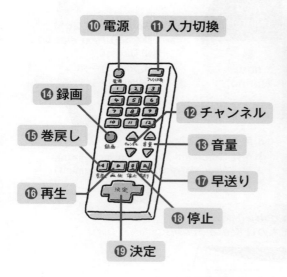

❿ *dengen*	power
⓫ *nyūryoku kirikae*	switch input mode
⓬ *chan'neru*	channel
⓭ *onryō*	volume
⓮ *rokuga*	record
⓯ *makimodoshi*	rewind
⓰ *saisei*	play
⓱ *hayaokuri*	fast-forward
⓲ *teishi*	stop
⓳ *kettei*	enter

Annual Events in Japan 年中行事

Since ancient times the passing of the seasons has been a source of delight in Japan, with each season marked by its own set of traditional events. Participation in these events can cultivate a stronger sense of the seasons and Japanese culture. Some observances derive from rituals practiced by the nobility and samurai families, while others developed out of the everyday life of commoners.

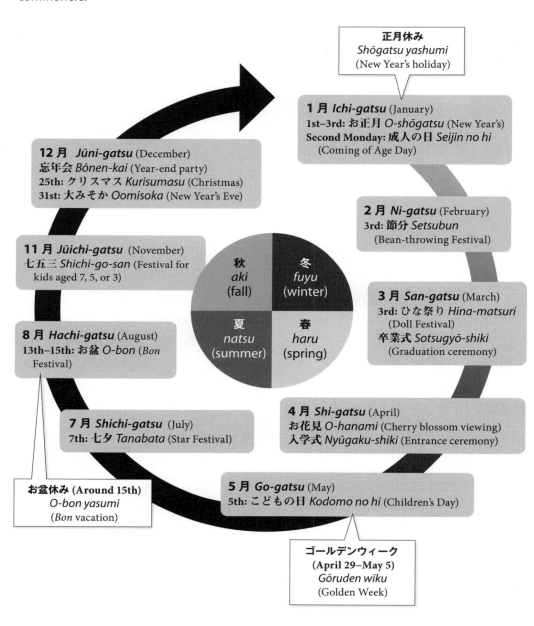

正月休み
Shōgatsu yashumi
(New Year's holiday)

1 月 *Ichi-gatsu* (January)
1st–3rd: お正月 *O-shōgatsu* (New Year's)
Second Monday: 成人の日 *Seijin no hi*
(Coming of Age Day)

12 月 *Jūni-gatsu* (December)
忘年会 *Bōnen-kai* (Year-end party)
25th: クリスマス *Kurisumasu* (Christmas)
31st: 大みそか *Oomisoka* (New Year's Eve)

2 月 *Ni-gatsu* (February)
3rd: 節分 *Setsubun*
(Bean-throwing Festival)

11 月 *Jūichi-gatsu* (November)
七五三 *Shichi-go-san* (Festival for kids aged 7, 5, or 3)

秋
aki
(fall)

冬
fuyu
(winter)

3 月 *San-gatsu* (March)
3rd: ひな祭り *Hina-matsuri*
(Doll Festival)
卒業式 *Sotsugyō-shiki*
(Graduation ceremony)

夏
natsu
(summer)

春
haru
(spring)

8 月 *Hachi-gatsu* (August)
13th–15th: お盆 *O-bon* (*Bon* Festival)

4 月 *Shi-gatsu* (April)
お花見 *O-hanami* (Cherry blossom viewing)
入学式 *Nyūgaku-shiki* (Entrance ceremony)

7 月 *Shichi-gatsu* (July)
7th: 七夕 *Tanabata* (Star Festival)

5 月 *Go-gatsu* (May)
5th: こどもの日 *Kodomo no hi* (Children's Day)

お盆休み (Around 15th)
O-bon yasumi
(*Bon* vacation)

ゴールデンウィーク
(April 29–May 5)
Gōruden wīku
(Golden Week)

■ *O-shōgatsu* お正月 New Year's

O-shōgatsu is the most important holiday for the Japanese. On New Year's Day, many people make their first temple or shrine visit of the year (*hatsu-mōde*) to pray for health and happiness. *O-shōgatsu* is also celebrated by eating traditional New Year's dishes (*o-sechi* and *o-zōni*), reading New Year's cards (*nengajō*), and giving gifts to children (*otoshidama*; usually money).

■ *Setsubun* 節分 Bean-Throwing Festival

Setsubun literally means "the parting of the seasons" and is used to signify the day before the first day of spring. On the evening of this day, people yell, "*Oni wa soto! Fuku wa uchi!*" (Out with the ogre! In with happiness!), while scattering roasted soy beans (*mame-maki*) inside and outside their homes. There is also a custom of wishing for good health for that year by eating a number of soybeans equal to one's age.

■ *Hina-matsuri* ひな祭り Doll Festival

Hina-matsuri is an occasion to wish for young girls' growth and happiness. Most homes with girls display traditional dolls (*hina ningyō*) for this festival and dedicate to them peach blossoms, rice cracker bits (*hina arare*), and other items.

■ *Kodomo no hi* こどもの日 Children's Day

On this day, families with boys set out traditional Boy's Festival dolls (*go-gatsu ningyō*) and fly carp streamers (*koi-nobori*). People also follow the old practice of taking a bath with iris leaves (*shōbu-yu*), which are reputed to have a medicinal effect, and they make offerings of a traditional Japanese confection, rice cakes wrapped in oak leaves (*kashiwa mochi*).

■ *Tanabata* 七夕 Star Festival

Tanabata is the Weaver Star Festival. According to a Chinese legend adopted by the Japanese centuries ago, Altair (the Cowherder Star / *Hikoboshi*) and Vega (the Weaver Princess Star / *Orihime*) are two lovers who are kept apart by the River of Heaven (the Milky Way / *Ama no gawa*) but come together once a year on this night. People write their wishes or poems on strips of poetry paper in various colors (*tanzaku*) and hang them on a bamboo tree that they place in their garden.

■ *O-bon* お盆 Bon Festival

This is a Buddhist event occurring basically from the 13th to 16th of August to honor the spirits of one's ancestors. The spirits of the dead are said to return at this time. In towns and villages across the country, people in light cotton *kimono* (*yukata*) gather for outdoor dances known as *bon-odori*. Many companies are closed during this period (*Bon* vacation: *o-bon yasumi*).

■ *Oomisoka* 大晦日 New Year's Eve

To welcome the new year, Japanese perform a full house-cleaning (*oosōji*) at the end of December. Family reunions are held, with the whole family celebrating the coming of the new year with a sense of togetherness. At about midnight, bells are rung at Buddhist temples all around the country to speed the arrival of the new year. According to Buddhist teachings, human beings have 108 worldly desires, so the temple bells are atruck 108 times to dispel these desires. While listening to the bells, people eat buckwheat noodles called *toshikoshi soba* (year-crossing noodles) and wish for health in the coming year and a long life.

にほんご だいじょうぶ

Glossary

だれ／どなた
dare   donata
(who)

どっち／どちら
dotchi   dochira
(which)

どこ／どちら
doko   dochira
(where; which place)

どれ
dore
(which)

いつ
itsu
(when)

どうして
dōshite
(why)

なに／なん
nani   nan
(what)

いくら
ikura
(how much)

どう
dō
(how)

いくつ
ikutsu
(how many)

どんな
don'na
(what kind of)

どのぐらい
donogurai
(how long; how much;
　how big, etc.)

0	ゼロ／れい	*zero / rei*	100	ひゃく	*hyaku*
1	いち	*ichi*	200	にひゃく	*nihyaku*
2	に	*ni*	300	さんびゃく	*sanbyaku*
3	さん	*san*	400	よんひゃく	*yonhyaku*
4	よん／し	*yon / shi*	500	ごひゃく	*gohyaku*
5	ご	*go*	600	ろっぴゃく	*roppyaku*
6	ろく	*roku*	700	ななひゃく	*nanahyaku*
7	しち／なな	*shichi / nana*	800	はっぴゃく	*happyaku*
8	はち	*hachi*	900	きゅうひゃく	*kyūhyaku*
9	きゅう／く	*kyū / ku*	1,000	せん	*sen*
10	じゅう	*jū*	2,000	にせん	*nisen*
11	じゅういち	*jūichi*	3,000	さんぜん	*sanzen*
12	じゅうに	*jūni*	4,000	よんせん	*yonsen*
13	じゅうさん	*jūsan*	5,000	ごせん	*gosen*
14	じゅうよん／じゅうし	*jūyon / jūshi*	6,000	ろくせん	*rokusen*
15	じゅうご	*jūgo*	7,000	ななせん	*nanasen*
16	じゅうろく	*jūroku*	8,000	はっせん	*hassen*
17	じゅうしち／じゅうなな	*jūshichi / jūnana*	9,000	きゅうせん	*kyūsen*
18	じゅうはち	*jūhachi*	10,000	いちまん	*ichiman*
19	じゅうきゅう／じゅうく	*jūkyū / jūku*	20,000	にまん	*niman*
20	にじゅう	*nijū*	30,000	さんまん	*sanman*
30	さんじゅう	*sanjū*	40,000	よんまん	*yonman*
40	よんじゅう	*yonjū*	50,000	ごまん	*goman*
50	ごじゅう	*gojū*	60,000	ろくまん	*rokuman*
60	ろくじゅう	*rokujū*	70,000	ななまん	*nanaman*
70	ななじゅう	*nanajū*	80,000	はちまん	*hachiman*
80	はちじゅう	*hachijū*	90,000	きゅうまん	*kyūman*
90	きゅうじゅう	*kyūjū*	100,000	じゅうまん	*jūman*

1,000,000	ひゃくまん	*hyakuman*	0.1	れい てん いち	*rei ten ichi*
10,000,000	せんまん	*senman*	0.01	れい てん れい いち	*rei ten rei ichi*
100,000,000	いちおく	*ichioku*	1/2	にぶんの いち	*ni-bun no ichi*
1,000,000,000	じゅうおく	*jūoku*	1/3	さんぶんの いち	*san-bun no ichi*

Currency 通貨

■ Coins

❶	1 yen	いちえん	*ichi-en*
❷	5 yen	ごえん	*go-en*
❸	10 yen	じゅうえん	*jū-en*
❹	50 yen	ごじゅうえん	*gojū-en*
❺	100 yen	ひゃくえん	*hyaku-en*
❻	500 yen	ごひゃくえん	*gohyaku-en*

❶    ❷

❸   ❹

❺   ❻

■ Notes

1,000 yen	せんえん	*sen-en*
2,000 yen	にせんえん	*nisen-en*
3,000 yen	さんぜんえん	*sanzen-en*
4,000 yen	よんせんえん	*yonsen-en*
5,000 yen	ごせんえん	*gosen-en*
6,000 yen	ろくせんえん	*rokusen-en*
7,000 yen	ななせんえん	*nanasen-en*
8,000 yen	はっせんえん	*hassen-en*
9,000 yen	きゅうせんえん	*kyūsen-en*
10,000 yen	いちまんえん	*ichiman-en*
20,000 yen	にまんえん	*niman-en*
30,000 yen	さんまんえん	*sanman-en*
40,000 yen	よんまんえん	*yonman-en*
50,000 yen	ごまんえん	*goman-en*
60,000 yen	ろくまんえん	*rokuman-en*
70,000 yen	ななまんえん	*nanaman-en*
80,000 yen	はちまんえん	*hachiman-en*
90,000 yen	きゅうまんえん	*kyūman-en*
100,000 yen	じゅうまんえん	*jūman-en*

千円　*sen-en*

二千円　*nisen-en*

五千円　*gosen-en*

一万円　*ichiman-en*

■ Hours

1:00	いちじ	*ichi-ji*
2:00	にじ	*ni-ji*
3:00	さんじ	*san-ji*
4:00	よじ	*yo-ji*
5:00	ごじ	*go-ji*
6:00	ろくじ	*roku-ji*
7:00	しちじ	*shichi-ji*
8:00	はちじ	*hachi-ji*
9:00	くじ	*ku-ji*
10:00	じゅうじ	*jū-ji*
11:00	じゅういちじ	*jūichi-ji*
12:00	じゅうにじ	*jūni-ji*

a.m.	ごぜん	*gozen*
p.m.	ごご	*gogo*

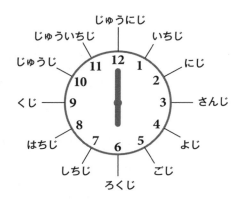

■ Minutes

0:10	じゅっぷん	*juppun*
0:20	にじゅっぷん	*nijuppun*
0:30 (half past ...)	さんじゅっぷん (はん)	*sanjuppun (han)*
0:40	よんじゅっぷん	*yonjuppun*
0:50	ごじゅっぷん	*gojuppun*

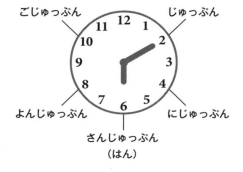

0:05	ごふん	*go-fun*
0:15	じゅうごふん	*jūgo-fun*
0:25	にじゅうごふん	*nijūgo-fun*
0:35	さんじゅうごふん	*sanjūgo-fun*
0:45	よんじゅうごふん	*yonjūgo-fun*
0:55	ごじゅうごふん	*gojūgo-fun*

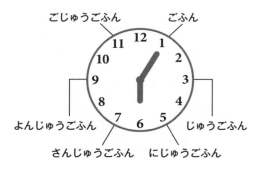

Time Expressions 時の表現

Past ←   → Future

ひ **hi** (day)	おととい *ototoi* (the day before yesterday)	きのう *kinō* (yesterday)	きょう *kyō* (today)	あした *ashita* (tomorrow)	あさって *asatte* (the day after tomorrow)	まいにち *mainichi* (every day)
しゅう **shū** (week)	せんせんしゅう *sensenshū* (the week before last)	せんしゅう *senshū* (last week)	こんしゅう *konshū* (this week)	らいしゅう *raishū* (next week)	さらいしゅう *saraishū* (the week after next)	まいしゅう *maishū* (every week)
つき **tsuki** (month)	せんせんげつ *sensengetsu* (the month before last)	せんげつ *sengetsu* (last month)	こんげつ *kongetsu* (this month)	らいげつ *raigetsu* (next month)	さらいげつ *saraigetsu* (the month after next)	まいつき *maitsuki* (every month)
ねん **nen** (year)	おととし *ototoshi* (the year before last)	きょねん *kyonen* (last year)	ことし *kotoshi* (this year)	らいねん *rainen* (next year)	さらいねん *sarainen* (the year after next)	まいねん／まいとし *mainen/maitoshi* (every year)

		Yesterday	Today	Every
☀	あさ *asa* (morning)	—	けさ *kesa* (this morning)	まいあさ *maiasa* (every morning)
☀	ひる *hiru* (afternoon)	—	—	—
☾	ゆうがた *yūgata* ([early] evening)	—	—	—
★	よる／ばん *yoru / ban* (evening; night)	ゆうべ *yūbe* (last night)	こんばん／こんや *konban / kon'ya* (tonight)	まいばん *maiban* (every night)

＊ごぜんちゅう *gozen-chū* (in the morning; all morning)

＊ごご *gogo* (in the afternoon)

■ Months

1月	いちがつ	*ichi-gatsu*	January		7月	しちがつ	*shichi-gatsu*	July
2月	にがつ	*ni-gatsu*	February		8月	はちがつ	*hachi-gatsu*	August
3月	さんがつ	*san-gatsu*	March		9月	くがつ	*ku-gatsu*	September
4月	しがつ	*shi-gatsu*	April		10月	じゅうがつ	*jū-gatsu*	October
5月	ごがつ	*go-gatsu*	May		11月	じゅういちがつ	*jūichi-gatsu*	November
6月	ろくがつ	*roku-gatsu*	June		12月	じゅうにがつ	*jūni-gatsu*	December

■ Days and Dates

日 にちようび *nichi-yōbi* (Sunday)	月 げつようび *getsu-yōbi* (Monday)	火 かようび *ka-yōbi* (Tuesday)	水 すいようび *sui-yōbi* (Wednesday)	木 もくようび *moku-yōbi* (Thursday)	金 きんようび *kin-yōbi* (Friday)	土 どようび *do-yōbi* (Saturday)
	1 ついたち *tsuitachi*	**2** ふつか *futsuka*	**3** みっか *mikka*	**4** よっか *yokka*	**5** いつか *itsuka*	**6** むいか *muika*
7 なのか *nanoka*	**8** ようか *yōka*	**9** ここのか *kokonoka*	**10** とおか *tōka*	**11** じゅういち にち *jūichi-nichi*	**12** じゅうに にち *jūni-nichi*	**13** じゅうさん にち *jūsan-nichi*
14 じゅうよっか *jūyokka*	**15** じゅうごにち *jūgo-nichi*	**16** じゅうろく にち *jūroku-nichi*	**17** じゅうしち にち *jūshichi-nichi*	**18** じゅうはち にち *jūhachi-nichi*	**19** じゅうく にち *jūku-nichi*	**20** はつか *hatsuka*
21 にじゅういち にち *nijūichi-nichi*	**22** にじゅうに にち *nijūni-nichi*	**23** にじゅうさん にち *nijūsan-nichi*	**24** にじゅう よっか *nijūyokka*	**25** にじゅうご にち *nijūgo-nichi*	**26** にじゅうろく にち *nijūroku-nichi*	**27** にじゅうしち にち *nijūshichi-nichi*
28 にじゅうはち にち *nijūhachi-nichi*	**29** にじゅうく にち *nijūku-nichi*	**30** さんじゅう にち *sanjū-nichi*	**31** さんじゅう いちにち *sanjūichi-nichi*			

	Hours 〜時間 -jikan	Days 〜日 -nichi / -ka	Weeks 〜週間 -shūkan	Months 〜か月 -kagetsu	Years 〜年 -nen
1	いちじかん ichi-jikan	いちにち ichi-nichi	いっしゅうかん isshūkan	いっかげつ ikkagetsu	いちねん ichi-nen
2	にじかん ni-jikan	ふつか futsuka	にしゅうかん ni-shūkan	にかげつ ni-kagetsu	にねん ni-nen
3	さんじかん san-jikan	みっか mikka	さんしゅうかん san-shūkan	さんかげつ san-kagetsu	さんねん san-nen
4	よじかん yo-jikan	よっか yokka	よんしゅうかん yon-shūkan	よんかげつ yon-kagetsu	よねん yo-nen
5	ごじかん go-jikan	いつか itsuka	ごしゅうかん go-shūkan	ごかげつ go-kagetsu	ごねん go-nen
6	ろくじかん roku-jikan	むいか muika	ろくしゅうかん roku-shūkan	ろっかげつ * rokkagetsu	ろくねん roku-nen
7	ななじかん nana-jikan	なのか nanoka	ななしゅうかん nana-shūkan	ななかげつ nana-kagetsu	ななねん nana-nen
8	はちじかん hachi-jikan	ようか yōka	はっしゅうかん hasshūkan	はちかげつ hachi-kagetsu	はちねん hachi-nen
9	くじかん ku-jikan	ここのか kokonoka	きゅうしゅうかん kyū-shūkan	きゅうかげつ kyū-kagetsu	きゅうねん kyū-nen
10	じゅうじかん jū-jikan	とおか tōka	じゅっしゅうかん jusshūkan	じゅっかげつ jukkagetsu	じゅうねん jū-nen
?	なんじかん nan-jikan how many hours	なんにち nan-nichi how many days	なんしゅうかん nan-shūkan how many weeks	なんかげつ nan-kagetsu how many months	なんねん nan-nen how many years

＊ Also expressed as はんとし *han-toshi* (half a year).

Counters 助数詞

	Things in General	People	Thin / Flat Things	Machines / Vehicles	Books	Small Things
1	ひとつ hitotsu	ひとり hitori	いちまい ichi-mai	いちだい ichi-dai	いっさつ issatsu	いっこ ikko
2	ふたつ futatsu	ふたり futari	にまい ni-mai	にだい ni-dai	にさつ ni-satsu	にこ ni-ko
3	みっつ mittsu	さんにん san-nin	さんまい san-mai	さんだい san-dai	さんさつ san-satsu	さんこ san-ko
4	よっつ yottsu	よにん yo-nin	よんまい yon-mai	よんだい yon-dai	よんさつ yon-satsu	よんこ yon-ko
5	いつつ itsutsu	ごにん go-nin	ごまい go-mai	ごだい go-dai	ごさつ go-satsu	ごこ go-ko
6	むっつ muttsu	ろくにん roku-nin	ろくまい roku-mai	ろくだい roku-dai	ろくさつ roku-satsu	ろっこ rokko
7	ななつ nanatsu	ななにん nana-nin	ななまい nana-mai	ななだい nana-dai	ななさつ nana-satsu	ななこ nana-ko
8	やっつ yattsu	はちにん hachi-nin	はちまい hachi-mai	はちだい hachi-dai	はっさつ hassatsu	はちこ hachi-ko
9	ここのつ kokonotsu	きゅうにん kyū-nin	きゅうまい kyū-mai	きゅうだい kyū-dai	きゅうさつ kyū-satsu	きゅうこ kyū-ko
10	とぉ tō	じゅうにん jū-nin	じゅうまい jū-mai	じゅうだい jū-dai	じゅっさつ jussatsu	じゅっこ jukko
?	いくつ ikutsu	なんにん nan-nin	なんまい nan-mai	なんだい nan-dai	なんさつ nan-satsu	なんこ nan-ko

	Long/Slender Things	Glasses/Cups (Drinks)	Age	Floors of Buildings	Frequency	Order
1	いっぽん ippon	いっぱい ippai	いっさい issai	いっかい ikkai	いっかい ikkai	いちばん ichi-ban
2	にほん ni-hon	にはい ni-hai	にさい ni-sai	にかい ni-kai	にかい ni-kai	にばん ni-ban
3	さんぼん san-bon	さんばい san-bai	さんさい san-sai	さんがい san-gai	さんかい san-kai	さんばん san-ban
4	よんほん yon-hon	よんはい yon-hai	よんさい yon-sai	よんかい yon-kai	よんかい yon-kai	よんばん yon-ban
5	ごほん go-hon	ごはい go-hai	ごさい go-sai	ごかい go-kai	ごかい go-kai	ごばん go-ban
6	ろっぽん roppon	ろっぱい roppai	ろくさい roku-sai	ろっかい rokkai	ろっかい rokkai	ろくばん roku-ban
7	ななほん nana-hon	ななはい nana-hai	ななさい nana-sai	ななかい nana-kai	ななかい nana-kai	ななばん nana-ban
8	はちほん hachi-hon	はっぱい happai	はっさい hassai	はちかい hachi-kai	はちかい hachi-kai	はちばん hachi-ban
9	きゅうほん kyū-hon	きゅうはい kyū-hai	きゅうさい kyū-sai	きゅうかい kyū-kai	きゅうかい kyū-kai	きゅうばん kyū-ban
10	じゅっぽん juppon	じゅっぱい jūppai	じゅっさい jūssai	じゅっかい jūkkai	じゅっかい jūkkai	じゅうばん jū-ban
?	なんぼん nan-bon	なんばい nan-bai	なんさい nan-sai	なんがい nan-gai	なんかい nan-kai	なんばん nan-ban

Names of Countries 国名

Q:	どこから きましたか。	A:	_____	から きました。
	Doko kara kimashita ka.			*kara kimashita.*
Q:	おくには…?	A:	_____	です。
	O-kuni wa...?			*desu.*

■ Countries

アフガニスタン	*Afuganisutan*	Afghanistan		タイ	*Tai*	Thailand
アメリカ	*Amerika*	USA		たいわん（台湾）	*Taiwan*	Taiwan
アルゼンチン	*Aruzenchin*	Argentina		ちゅうごく（中国）	*Chūgoku*	China
イギリス	*Igirisu*	UK		チリ	*Chiri*	Chile
イタリア	*Itaria*	Italy		デンマーク	*Denmāku*	Denmark
イラン	*Iran*	Iran		ドイツ	*Doitsu*	Germany
インド	*Indo*	India		トルコ	*Toruko*	Turkey
インドネシア	*Indoneshia*	Indonesia		にほん（日本）	*Nihon*	Japan
エジプト	*Ejiputo*	Egypt		ニュージーランド	*Nyūjīrando*	New Zealand
オーストラリア	*Ōsutoraria*	Australia		ノルウェー	*Noruwē*	Norway
オランダ	*Oranda*	Netherlands		パキスタン	*Pakisutan*	Pakistan
カナダ	*Kanada*	Canada		ハンガリー	*Hangarī*	Hungary
かんこく（韓国）	*Kankoku*	South Korea		フィリピン	*Firipin*	Philippines
カンボジア	*Kanbojia*	Cambodia		フィンランド	*Finrando*	Finland
ギリシャ	*Girisha*	Greece		ブラジル	*Burajiru*	Brazil
ケニア	*Kenia*	Kenya		フランス	*Furansu*	France
サウジアラビア	*Sauji Arabia*	Saudi-Arabia		ベトナム	*Betonamu*	Vietnam
シンガポール	*Shingapōru*	Singapore		ポーランド	*Pōrando*	Poland
スイス	*Suisu*	Switzerland		ポルトガル	*Porutogaru*	Portugal
スウェーデン	*Suwēden*	Sweden		マレーシア	*Marēshia*	Malaysia
スペイン	*Supein*	Spain		みなみアフリカ	*Minami-Afurika*	South Africa
スリランカ	*Suriranka*	Sri Lanka		メキシコ	*Mekishiko*	Mexico
				ロシア	*Roshia*	Russia

■ Regions

アジア	*Ajia*	Asia		アフリカ	*Afurika*	Africa
オセアニア	*Oseania*	Oceania		きたアメリカ	*Kita-Amerika*	North America
ヨーロッパ	*Yōroppa*	Europe		みなみアメリカ	*Minami-Amerika*	South America

Q: おしごとは…?	A: _____ です。
O-shigoto wa . . . ?	*desu.*

かいしゃいん	*kaisha-in*	office worker	フライト アテンダント	*furaito atendanto*	flight attendant
ぎんこういん	*ginkō-in*	banker	こうむいん	*kōmuin*	civil servant
けんきゅういん	*kenkyū-in*	researcher	けいさつかん	*keisatsukan*	police
べんごし	*bengoshi*	lawyer	しょうぼうし	*shōbōshi*	fire-fighter
コンサルタント	*konsarutanto*	consultant	せいじか	*seijika*	politician
かいけいし	*kaikeishi*	accountant	だいく	*daiku*	carpenter
エンジニア	*enjinia*	engineer	ジャーナリスト	*jānarisuto*	journalist
ＳＥ	*esu ī*	system engineer	カメラマン	*kameraman*	photographer
いしゃ	*isha*	doctor	アナウンサー	*anaunsā*	announcer
かんごし	*kangoshi*	nurse	さっか	*sakka*	writer; author
やくざいし	*yakuzaishi*	pharmacist	おんがくか	*ongakuka*	musician
カウンセラー	*kaunserā*	counselor	がか	*gaka*	painter
かいごし	*kaigoshi*	care worker	かしゅ	*kashu*	singer
けんちくし	*kenchikushi*	architect	ダンサー	*dansā*	dancer
きょうし (せんせい)	*kyōshi (sensei)*	teacher	はいゆう	*haiyū*	actor; actress
きょうじゅ	*kyōju*	professor	スポーツせんしゅ	*supōtsu senshu*	athlete; player
がいこうかん	*gaikōkan*	diplomat	モデル	*moderu*	model
たいし	*taishi*	ambassador	デザイナー	*dezainā*	designer
ひしょ	*hisho*	secretary	びようし	*biyōshi*	hair stylist
アシスタント	*ashisutanto*	assistant	ちょうりし (シェフ)	*chōrishi (shefu)*	cook; chef
つうやく	*tsūyaku*	interpreter	かせいふ	*kaseifu*	housekeeper
てんいん	*ten'in*	shop clerk	はけんしゃいん	*haken shain*	temporary staff
パイロット	*pairotto*	pilot			

がくせい	*gakusei*	student
しゅふ	*shufu*	homemaker
こそだてちゅう	*kosodate-chū*	be raising a child

いま しごとを していません	*ima shigoto o shite imasen*	not have a job at this moment

Q:	ごせんもんは…?	A:	_____	です。
	Go-senmon wa …?			*desu.*

せいじ	*seiji*	politics	すうがく	*sūgaku*	mathematics
けいざい	*keizai*	economics	かがく	*kagaku*	chemistry
ほうりつ	*hōritsu*	law	せいぶつがく	*seibutsugaku*	biology
けいえい	*keiei*	management	ぶつりがく	*butsurigaku*	physics
ビジネス	*bijinesu*	business	でんしこうがく	*denshi kōgaku*	electronics
こくさいかんけい	*kokusai kankei*	international relations	きかいこうがく	*kikai kōgaku*	mechanical engineering
アジアけんきゅう	*ajia kenkyū*	Asian studies	コンピューター	*konpyūtā*	computer science
ぶんがく	*bungaku*	literature	いがく	*igaku*	medical science
げんごがく	*gengogaku*	linguistics	やくがく	*yakugaku*	pharmacy
にほんご	*Nihon-go*	Japanese language	ちしつがく	*chishitsugaku*	geology
きょういく	*kyōiku*	education	てんもんがく	*tenmongaku*	astronomy
しんりがく	*shinrigaku*	psychology	けんちく	*kenchiku*	architecture
てつがく	*tetsugaku*	philosophy	げいじゅつ	*geijutsu*	art studies
しゅうきょう	*shūkyō*	religion	びじゅつ	*bijutsu*	fine art
れきし	*rekishi*	history	おんがく	*ongaku*	music
ちり	*chiri*	geography	えんげき	*engeki*	theater
しゃかいがく	*shakaigaku*	sociology	のうぎょう	*nōgyō*	agriculture
じんるいがく	*jinruigaku*	anthropology	かんきょう	*kankyō*	environment
みんぞくがく	*minzokugaku*	ethnology	ふくし	*fukushi*	welfare
こうこがく	*kōkogaku*	archaeology	コミュニケーション	*komyunikēshon*	communication

_____	は ありますか. _wa arimasu ka._
_____	は いくらですか. _wa ikura desu ka._
_____	を ください. _o kudasai._

■ Personal belongings

かさ	_kasa_	umbrella	たばこ	_tabako_	cigarette
かぎ	_kagi_	key	てちょう	_techō_	day planner
かばん／バッグ	_kaban / baggu_	bag	でんわ	_denwa_	telephone
くし	_kushi_	comb	とけい	_tokei_	watch; clock
くつ	_kutsu_	shoes	ハンカチ	_hankachi_	handkerchief
けいたい（でんわ）	_keitai (denwa)_	mobile phone	ブラシ	_burashi_	brush
けしょうひん	_keshōhin_	cosmetics	ぼうし	_bōshi_	hat; cap
さいふ	_saifu_	purse; wallet	ほん	_hon_	book
ざっし	_zasshi_	magazine	めいし	_meishi_	name/business card
じしょ	_jisho_	dictionary	めがね	_megane_	glasses
しんぶん	_shinbun_	newspaper	ライター	_raitā_	lighter

■ Clothes / Accessories

シャツ	_shatsu_	shirt	くつした	_kutsushita_	socks
Tシャツ	_T-shatsu_	T-shirt	サンダル	_sandaru_	sandals
ブラウス	_burausu_	blouse	ベルト	_beruto_	belt
セーター	_sētā_	sweater	ネクタイ	_nekutai_	tie
ズボン／パンツ	_zubon / pantsu_	pants; slacks	スカーフ	_sukāfu_	scarf
ジーンズ	_jīnzu_	jeans	マフラー	_mafurā_	muffler
スカート	_sukāto_	skirt	てぶくろ	_tebukuro_	gloves
スーツ	_sūtsu_	suit	サングラス	_sangurasu_	sunglasses
ジャケット	_jaketto_	jacket	ゆびわ	_yubiwa_	ring
ワンピース	_wanpīsu_	dress	ネックレス	_nekkuresu_	necklace
コート	_kōto_	coat	イヤリング	_iyaringu_	earrings
したぎ	_shitagi_	underwear	ブレスレット	_buresuretto_	bracelet

■ Household items

おもちゃ	omocha	toy	ティッシュ	tisshu	tissue paper
かみおむつ	kami-omutsu	disposable diaper	でんち	denchi	battery
かみそり	kamisori	razor	トイレットペーパー	toiretto pēpā	toilet paper
くすり	kusuri	medicine	ナイフ	naifu	knife
コップ／グラス	koppu / gurasu	glass; cup	なべ	nabe	pot
ごみぶくろ	gomi-bukuro	garabage bag	はいざら	haizara	ashtray
さっちゅうざい	satchūzai	insecticide	はし	hashi	chopsticks
さら	sara	plate	はブラシ	haburashi	toothbrush
シーツ	shītsu	sheet	はみがき（こ）	hamigaki(ko)	toothpaste
シャンプー	shanpū	shampoo	フォーク	fōku	fork
スプーン	supūn	spoon	ふとん	futon	bedquilt
せっけん	sekken	soap	フライパン	furaipan	frying pan
せんざい	senzai	detergent	ペットフード	petto fūdo	pet food
タオル	taoru	towel	まくら	makura	pillow
ちゃわん	chawan	bowl	もうふ	mōfu	blanket
つめきり	tsume-kiri	nail clippers	リンス	rinsu	hair conditioner

■ Stationery

えんぴつ	enpitsu	pencil	はがき	hagaki	postcard
かみ	kami	paper	はさみ	hasami	scissors
けしゴム	keshigomu	eraser	ふうとう	fūtō	envelope
じょうぎ	jōgi	ruler	ペン	pen	pen
セロハンテープ	serohantēpu	cellophane tape	ボールペン	bōrupen	ballpoint pen
ノート	nōto	notebook	ホッチキス	hotchikisu	stapler
のり	nori	glue	わゴム	wagomu	rubber band

■ Electronics / Electric appliances

アイロン	airon	iron	テレビ	terebi	television
エアコン	eakon	air conditioner	でんしレンジ	denshi renji	microwave oven
カメラ	kamera	camera	トースター	tōsutā	toaster
かんそうき	kansōki	dryer	パソコン	pasokon	personal computer
すいはんき	suihanki	rice cooker	ビデオカメラ	bideo kamera	video camera
せんたくき	sentakuki	washing machine	ヘアドライヤー	hea doraiyā	hair dryer
せんぷうき	senpūki	electric fan	ラジオ	rajio	radio
そうじき	sōjiki	vacuum cleaner	れいぞうこ	reizōko	refrigerator

Glossary 13 — Food 食べ物

■ Food

たべもの	*tabemono*	food	やさい	*yasai*	vegetable
パン	*pan*	bread	・じゃがいも	*jagaimo*	potato
こめ	*kome*	uncooked rice	・キャベツ	*kyabetsu*	cabbage
ごはん	*gohan*	cooked rice	・にんじん	*ninjin*	carrot
うどん	*udon*	wheat noodles	・たまねぎ	*tamanegi*	onion
そば	*soba*	buckwheat noodles	・ねぎ	*negi*	green onion
パスタ	*pasuta*	pasta	・きゅうり	*kyūri*	cucumber
とうふ	*tōfu*	tofu	・なす	*nasu*	eggplant
にく	*niku*	meat	・だいこん	*daikon*	radish
・ぎゅうにく	*gyū-niku*	beef	・ピーマン	*pīman*	green pepper
・ぶたにく	*buta-niku*	pork	・レタス	*retasu*	lettuce
・とりにく	*tori-niku*	chicken	・トマト	*tomato*	tomato
ハム	*hamu*	ham	・きのこ	*kinoko*	mushroom
ソーセージ	*sōsēji*	sausage	フルーツ／ くだもの	*furūtsu / kudamono*	fruit
さかな	*sakana*	fish	・りんご	*ringo*	apple
・まぐろ	*maguro*	tuna	・みかん	*mikan*	mandarin orange
・さけ	*sake*	salmon	・バナナ	*banana*	banana
・あじ	*aji*	horse mackerel	・ぶどう	*budō*	grape
・いわし	*iwashi*	sardine	・いちご	*ichigo*	strawberry
・たい	*tai*	sea bream	・すいか	*suika*	watermelon
えび	*ebi*	prawn; shrimp	おかし	*o-kashi*	sweets
いか	*ika*	squid	・せんべい	*senbei*	rice cracker
かい	*kai*	shellfish	・あめ	*ame*	candy
たまご	*tamago*	egg	・アイスクリーム	*aisukurīmu*	ice cream
チーズ	*chīzu*	cheese	・ケーキ	*kēki*	cake
ヨーグルト	*yōguruto*	yogurt	・チョコレート	*chokorēto*	chocolate
なまクリーム	*nama-kurīmu*	fresh cream			

■ Beverages

のみもの	nominomo	beverages	ジュース	jūsu	juice
コーヒー	kōhī	coffee	コーラ	kōra	cola
こうちゃ	kōcha	tea	ビール	bīru	beer
おちゃ	o-cha	green tea	ワイン	wain	wine
ウーロンちゃ	ūroncha	oolong tea	ウイスキー	uisukī	whiskey
むぎちゃ	mugicha	barley tea	(お)さけ／にほんしゅ	(o-)sake / nihonshu	sake
ミルク／ぎゅうにゅう	miruku / gyūnyū	milk			
みず	mizu	water	しょうちゅう	shōchū	distilled beverage

■ Seasonings and others

ちょうみりょう	chōmiryō	seasoning	カレールー	karē rū	curry paste
しお	shio	salt	サラダあぶら	sarada abura	vegetable oil
さとう	satō	sugar	オリーブオイル	orību oiru	olive oil
こしょう	koshō	pepper	ごまあぶら	goma abura	sesame oil
しょうゆ	shōyu	soy sauce	バター	batā	butter
す	su	vinegar	からし	karashi	mustard
みそ	miso	soybean paste	とうがらし	tōgarashi	red pepper; chili
さけ	sake	sake	わさび	wasabi	Japanese horse radish
みりん	mirin	sweet sake	こむぎこ	komugiko	wheat flour
ソース	sōsu	Worcester sauce	パンこ	panko	bread crumbs
マヨネーズ	mayonēzu	mayonnaise	かたくりこ	katakuriko	potato starch
ケチャップ	kechappu	ketchup			

■ Other terms

インスタントしょくひん	insutanto shokuhin	instant food
れいとうしょくひん	reitō shokuhin	frozen food
ていしぼう／ローファット	teishibō / rōfatto	lowfat
げんえん	gen'en	salt-reduced
むとう	mutō	sugar-free
ノンアルコール	non-arukōru	non-alcohol
ハラルフード	hararu-fūdo	halal food

■ In the home

いえ／うち	*ie / uchi*	house; home
アパート	*apāto*	apartment
マンション	*manshon*	condominium
へや	*heya*	room
げんかん	*genkan*	entrance
リビング／いま	*ribingu / ima*	living room
ダイニング／しょくどう	*dainingu / shokudō*	dining room
キッチン／だいどころ	*kitchin / daidokoro*	kitchen
トイレ／おてあらい	*toire / otearai*	bathroom; restroom; toilet
(お)ふろ	*(o-)furo*	bathroom; bath
しんしつ	*shinshitsu*	bedroom
こどもべや	*kodomo-beya*	kids' room
かいだん	*kaidan*	stairs
ドア	*doa*	door
ろうか	*rōka*	hallway
ベランダ	*beranda*	balcony; veranda
まど	*mado*	window
にわ	*niwa*	garden
ガレージ／ちゅうしゃじょう	*garēji / chūshajō*	garage; parking space
ものおき	*monooki*	shed; store room
ガス	*gasu*	gas
でんき	*denki*	electricity
すいどう	*suidō*	waterworks
コンセント	*konsento*	electrical outlet
スイッチ	*suitchi*	switch
リモコン	*rimokon*	remote control

■ Furniture

かぐ	*kagu*	furniture	たんす	*tansu*	chest; closet
テーブル	*tēburu*	table	ほんだな	*hon-dana*	bookshelf
つくえ	*tsukue*	desk	しょっきだな	*shokki-dana*	cupboard
いす	*isu*	chair	カーペット／じゅうたん	*kāpetto / jūtan*	carpet; rug
ソファ	*sofā*	sofa	カーテン	*kāten*	curtain
ベッド	*beddo*	bed	え	*e*	drawing; picture

■ Traditional Japanese rooms

わしつ	*washitsu*	Japanese-style room	ふすま	*fusuma*	paper-covered sliding door
たたみ	*tatami*	*tatami* straw mats	しょうじ	*shōji*	paper screen
おしいれ	*oshiire*	Japanese-style closet	こたつ	*kotatsu*	foot warmer table
とこのま	*tokonoma*	Japanese-style alcove	ざぶとん	*zabuton*	Japanese-style cushion

■ Directors

代表取締役（だいひょうとりしまりやく）	*daihyō torishimariyaku*	representative director
取締役（とりしまりやく）	*torishimariyaku*	director; member of the board
社長（しゃちょう）	*shachō*	president*
副社長（ふくしゃちょう）	*fuku-shachō*	vice president
専務（せんむ）	*senmu*	senior managing director
常務（じょうむ）	*jōmu*	managing director

＊ Bank presidents are referred to 頭取（とうどり *tōdori*).

■ Managers / Sections

部長（ぶちょう）	*buchō*	general manager; department head
課長（かちょう）	*kachō*	section manager
係長（かかりちょう）	*kakarichō*	section/unit head
部（ぶ）	*bu*	department
課（か）	*ka*	section
ユニット	*yunitto*	unit
グループ	*gurūpu*	group
チーム	*chīmu*	team

■ Offices

本社（ほんしゃ）	*honsha*	head office
支社（ししゃ）	*shisha*	branch office; affiliate
支店（してん）	*shiten*	branch
支社長（ししゃちょう）	*shishachō*	general manager of a branch office / affiliate
支店長（してんちょう）	*shitenchō*	general manager of a branch

■ Departments

人事部（じんじぶ）	*jinji-bu*	personnel department
総務部（そうむぶ）	*sōmu-bu*	administration department
経理部（けいりぶ）	*keiri-bu*	accounting department
財務部（ざいむぶ）	*zaimu-bu*	finance department
営業部（えいぎょうぶ）	*eigyō-bu*	sales department
業務部（ぎょうむぶ）	*gyōmu-bu*	operations department
企画部（きかくぶ）	*kikaku-bu*	planning department
マーケティング部（マーケティングぶ）	*māketingu-bu*	marketing department
広報部（こうほうぶ）	*kōhō-bu*	public relations department

■ Other related words

社員（しゃいん）	*shain*	general employee		部下（ぶか）	*buka*	subordinate; staff
上司（じょうし）	*jōshi*	boss		秘書（ひしょ）	*hisho*	secretary
同僚（どうりょう）	*dōryō*	colleague; coworker		アシスタント	*ashisutanto*	assistant

_____ （は） ありますか。
(wa) arimasu ka.

■ Color

あか	*aka*	red	むらさき	*murasaki*	purple
あお	*ao*	blue	オレンジ	*orenji*	orange
きいろ	*kiiro*	yellow	ピンク	*pinku*	pink
くろ	*kuro*	black	グレー	*gurē*	gray
しろ	*shiro*	white	ベージュ	*bēju*	beige
ちゃいろ	*chairo*	brown	こん	*kon*	navy blue
みどり	*midori*	green	みずいろ	*mizuiro*	light blue

■ Shape

❶ まる	*maru*	circle
❷ しかく	*shikaku*	square
❸ さんかく	*sankaku*	triangle

■ Pattern

❶ むじ	*muji*	plain
❷ しま	*shima*	striped
❸ チェック	*chekku*	checkered
❹ みずたま	*mizutama*	dotted
❺ はながら	*hana-gara*	floral pattern

■ Size of clothes

Men

Japan	US / UK	Italy
S	32-34	44-46
M	34-36	48-50
L	36-38	52-54
LL	40-42	56

Women

Japan		US	UK	Italy
XS	5	2	6	36
S	7	4	8	38
M	9	6	10	40
	11	8	12	42
L	13	10	14	44
LL	15	12	16	46

Note: Sizes of shoes, socks, and hats are indicated in centimeters in Japan.

■ Material

綿（めん）	*men*	cotton	皮（かわ）	*kawa*	leather
麻（あさ）	*asa*	linen	ポリエステル	*poriesuteru*	polyester
絹（きぬ）／シルク	*kinu / shiruku*	silk	ナイロン	*nairon*	nylon
ウール	*ūru*	wool	レーヨン	*rēyon*	rayon

Q: どこですか。 **A:** _____ です。
Doko desu ka. *desu.*

■ Position

上（うえ）	*ue*	top; on; above
下（した）	*shita*	bottom; under; beneath
前（まえ）	*mae*	front
後ろ（うしろ）	*ushiro*	back
右（みぎ）	*migi*	right
左（ひだり）	*hidari*	left
隣り（となり）	*tonari*	next to
横（よこ）	*yoko*	on the side; next to
近く（ちかく）	*chikaku*	near
間（あいだ）	*aida*	between
中（なか）	*naka*	inside
外（そと）	*soto*	outside
周り（まわり）	*mawari*	around

■ Direction

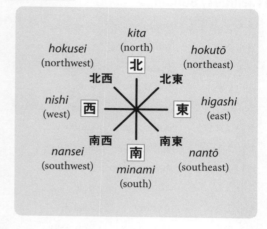

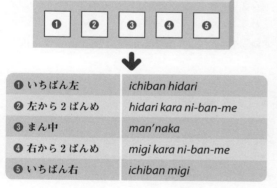

❶ いちばん左	*ichiban hidari*
❷ 左から2ばんめ	*hidari kara ni-ban-me*
❸ まん中	*man'naka*
❹ 右から2ばんめ	*migi kara ni-ban-me*
❺ いちばん右	*ichiban migi*

❻ いちばん上 *ichiban ue*
❼ 上から2ばんめ *ue kara ni-ban-me*
❽ まん中 *man'naka*
❾ 下から2ばんめ *shita kara ni-ban-me*
❿ いちばん下 *ichiban shita*

⑪ いちばん上の いちばん左 *ichiban ue no ichiban hidari*
⑫ 上から2ばんめの 左から2ばんめ *ue kara ni-ban-me no hidari kara ni-ban-me*
⑬ まん中 *man'naka*
⑭ 下から2ばんめの 右から2ばんめ *shita kara ni-ban-me no migi kara ni-ban-me*
⑮ いちばん下の いちばん右 *ichiban shita no ichiban migi*

> ＿＿＿＿＿＿＿ は　どこですか。
> *wa doko desu ka.*

■ Facilities / Buildings

ゆうびんきょく	*yūbinkyoku*	post office	バスてい	*basu-tei*	bus stop
ぎんこう	*ginkō*	bank	ちゅうしゃじょう	*chūshajō*	parking lot
びょういん	*byōin*	hospital	くうこう	*kūkō*	airport
たいしかん	*taishikan*	embassy	みなと	*minato*	port; harbor
やくしょ	*yakusho*	government office	はし	*hashi*	bridge
さいばんしょ	*saiban-sho*	court	こうそくどうろ	*kōsoku dōro*	freeway
しょうぼうしょ	*shōbō-sho*	fire station	アパート	*apāto*	apartment
けいさつしょ	*keisatsu-sho*	police station	マンション	*manshon*	condominium
こうばん	*kōban*	police box	こうえん	*kōen*	park
がっこう	*gakkō*	school	（お）しろ	*(o-)shiro*	castle
だいがく	*daigaku*	university	（お）てら	*(o-)tera*	temple
ようちえん	*yōchien*	kindergarten	じんじゃ	*jinja*	shrine
としょかん	*toshokan*	library	きょうかい	*kyōkai*	church
びじゅつかん	*bijutsukan*	art museum	モスク	*mosuku*	mosque
えいがかん	*eigakan*	movie theater	こうじょう	*kōjō*	factory
こうみんかん	*kōminkan*	community center	どうぶつえん	*dōbutsuen*	zoo
えき	*eki*	train station	ゆうえんち	*yūenchi*	amusement park

■ Shops

スーパー	*sūpā*	supermarket	パンや	*pan-ya*	bakery
デパート	*depāto*	department store	いざかや	*izakaya*	*izakaya* (Japanese pub)
レストラン	*resutoran*	restaurant	そばや	*soba-ya*	buckwheat noodle restaurant
ホテル	*hoteru*	hotel	すしや	*sushi-ya*	sushi restaurant
ほんや	*hon-ya*	bookstore	ラーメンや	*rāmen-ya*	ramen shop
はなや	*hana-ya*	flower shop	パチンコや	*pachinko-ya*	pachinko parlor
くつや	*kutsu-ya*	shoe shop	でんきや	*denki-ya*	electric appliance shop
とこや	*tokoya*	barber shop	くすりや（やっきょく）	*kusuri-ya (yakkyoku)*	pharmacy
びょういん	*biyōin*	hair salon	ショッピングセンター	*shoppingu sentā*	shopping mall
ふどうさんや	*fudōsan-ya*	real estate agent	ホームセンター	*hōmu sentā*	home improvement center
クリーニングや	*kurīningu-ya*	cleaner's	コンビニ	*konbini*	convenience store
にくや	*niku-ya*	butcher	100えんショップ	*100-en shoppu*	100-yen shop (like a dollar shop)
さかなや	*sakana-ya*	fish shop	ガソリンスタンド	*gasorin sutando*	gas station
やおや	*yaoya*	produce shop			
さかや	*sakaya*	liquor shop			

■ Characteristics of towns

まち	machi	town; city
むら	mura	village
とかい	tokai	large city
いなか	inaka	countryside
かんこうち	kankōchi	tourist spot
リゾートち	rizōtochi	resort
あんぜん（な）	anzen(na)	safe
こくさいてき（な）	kokusaiteki(na)	cosmopolitan
でんとうてき（な）	dentōteki(na)	traditional
げいじゅつてき（な）	geijutsuteki(na)	artistic
モダン（な）	modan(na)	modern
ひとが　おおい	hito ga ooi	crowded with people
くるまが　おおい	kuruma ga ooi	crowded with cars
こうつうが　べんり（な）	kōtsū ga benri(na)	has convenient transportation
くうきが　いい／きれい（な）	kūki ga ii / kirei(na)	has fresh air
けしきが　いい／きれい（な）	keshiki ga ii / kirei(na)	has scenic views
みどりが　おおい	midori ga ooi	has lush greenery
しぜんが　ゆたか（な）	shizen ga yutaka(na)	rich in natural beauty
れきしが　ながい	rekishi ga nagai	has a long history
ぶっかが　たかい	bukka ga takai	expensive (cost of living)
せかいいさん	sekai isan	World Heritage Site
こくりつこうえん	kokuritsu kōen	national park
シンボル	shinboru	symbol
とう／タワー	tō / tawā	tower; pagoda
たてもの	tatemono	building
きゅうでん	kyūden	palace
いせき	iseki	historical/archeological site; ruins
みんぞくいしょう	minzoku ishō	ethnic costume
こうげいひん	kōgeihin	artwork; craftwork
ぶつぞう	butsuzō	Buddha statue
（お）まつり	(o-)matsuri	festival

Nature 自然

■ Geographical features

うみ	*umi*	sea	おか	*oka*	hill
やま	*yama*	mountain	こうげん	*kōgen*	highland
かわ	*kawa*	river	さばく	*sabaku*	desert
みずうみ	*mizuumi*	lake	しま	*shima*	island
いけ	*ike*	pond	さんみゃく	*sanmyaku*	mountain range
たき	*taki*	waterfall	かざん	*kazan*	volcano
もり	*mori*	forest	おんせん	*onsen*	hot spring
はやし	*hayashi*	woods	かいがん／ビーチ	*kaigan / bīchi*	beach
のはら	*nohara*	field	たんぼ	*tanbo*	rice field
たに／けいこく	*tani / keikoku*	valley; ravine	はたけ	*hatake*	field; vegetable patch
がけ	*gake*	cliff	ぼくじょう	*bokujō*	farm; ranch

■ Animals / Plants

どうぶつ	*dōbutsu*	animal	しょくぶつ	*shokubutsu*	plant
とり	*tori*	bird	き	*ki*	tree
さかな	*sakana*	fish	はな	*hana*	flower
むし	*mushi*	bug	くさ	*kusa*	grass; herb; weed

■ Weather

はれ	*hare*	clear; fine	かぜ	*kaze*	wind
くもり	*kumori*	cloudy	くも	*kumo*	cloud
あめ	*ame*	rain	じしん	*jishin*	earthquake
ゆき	*yuki*	snow	たいふう	*taifū*	typhoon
きり	*kiri*	fog	たつまき	*tatsumaki*	tornado
かみなり	*kaminari*	thunder	つなみ	*tsunami*	tsunami

■ Seasons / Universe

きせつ	*kisetsu*	season	うちゅう	*uchū*	universe; outer space
はる	*haru*	spring	そら	*sora*	sky
なつ	*natsu*	summer	ほし	*hoshi*	star
あき	*aki*	fall	たいよう	*taiyō*	sun
ふゆ	*fuyu*	winter	つき	*tsuki*	moon
つゆ	*tsuyu*	Japanese rainy season	ちきゅう	*chikyū*	earth

Q: どうしたんですか。　　　A: ＿＿＿＿＿＿＿ が　いたいんです。
Do shita-n-desu ka.　　　　　　　　　　*ga   itai-n-desu.*

■ Body parts

からだ	*karada*	body	ゆび	*yubi*	finger
あたま	*atama*	head	むね	*mune*	chest; heart
かお	*kao*	face	おなか	*onaka*	stomach; belly
め	*me*	eye	せなか	*senaka*	(upper) back
みみ	*mimi*	ear	こし	*koshi*	(lower) back
はな	*hana*	nose	おしり	*oshiri*	hips; bottom
くち	*kuchi*	mouth	もも	*momo*	thigh
は	*ha*	tooth	ひざ	*hiza*	knee
した	*shita*	tongue	あし	*ashi*	foot; leg
あご	*ago*	jaw; chin	あしくび	*ashikubi*	ankle
のど	*nodo*	throat	つまさき	*tsumasaki*	toe; tiptoe
くび	*kubi*	neck	かかと	*kakato*	heel
かた	*kata*	shoulder	つめ	*tsume*	nail
うで	*ude*	arm	かみ	*kami*	hair (on head only)
ひじ	*hiji*	elbow	はだ／ひふ	*hada / hifu*	skin
て	*te*	hand	ほね	*hone*	bone
てくび	*tekubi*	wrist	きんにく	*kin'niku*	muscle

■ Internal organs

のう	*nō*	brain	しょうちょう	*shōchō*	small intestine
しんぞう	*shinzō*	heart	かんぞう	*kanzō*	liver
はい	*hai*	lung	じんぞう	*jinzō*	kidney
い	*i*	stomach	すいぞう	*suizō*	spleen
だいちょう	*daichō*	large intestine	しきゅう	*shikyū*	uterus

■ Other related words

たいおん	*taion*	body temperature	リンパせん	*rinpasen*	lymph gland
みゃく	*myaku*	pulse	にょう	*nyō*	urine
けつえき	*ketsueki*	blood	べん	*ben*	feces
けっかん	*kekkan*	blood vessel			

■ Symptoms

[body part] が いたいです	~ ga itai desu	have a pain in ~
[body part] が だるいです	~ ga darui desu	feel languid in ~
[body part] が はれています	~ ga harete imasu	~ is swollen
[body part] が しびれています	~ ga shibirete imasu	feel numb in ~
[body part] が かゆいです	~ ga kayui desu	feel itchy in ~
ねつが あります	netsu ga arimasu	have a fever
アレルギーが あります	arerugī ga arimasu	have an allergy
ストレスが あります	sutoresu ga arimasu	be under stress
しょくよくが ありません	shokuyoku ga arimasen	have no appetite
きぶんが わるいです	kibun ga warui desu	feel sick
むねが くるしいです	mune ga kurushii desu	feel tight in the chest
せきが でます	seki ga demasu	have a cough
はなみずが でます	hanamizu ga demasu	have a runny nose
くしゃみが でます	kushami ga demasu	have a sneezing fit
めまいが します	memai ga shimasu	feel dizzy
さむけが します	samuke ga shimasu	have the chills
はきけが します	hakike ga shimasu	have nausea
みみなりが します	miminari ga shimasu	have ringing in the ears
げり（を）しています	geri (o) shite imasu	have diarrhea
べんぴしています	benpi shite imasu	be constipated
ねむれません	nemuremasen	be unable to sleep
けが（を）しました	kega (o) shimashita	get injured
やけど（を）しました	yakedo (o) shimashita	get burned
こっせつ（を）しました	kossetsu (o) shimashita	broke a bone
ねんざ（を）しました	nenza (o) shimashita	sprained
ちが でています	chi ga dete imasu	be bleeding

■ Sickness / Injury

かぜ	kaze	cold	ぜんそく	zensoku	asthma
インフルエンザ	infuruenza	influenza	ひんけつ	hinketsu	anemia
しょくちゅうどく	shokuchūdoku	food poisoning	かふんしょう	kafunshō	hay fever
いえん	ien	gastritis	しっしん	shisshin	rash; eczema
とうにょうびょう	tōnyōbyō	diabetes	むしば	mushiba	tooth decay; a cavity

■ Hospital-related words

けんさ	kensa	test	ちゅうしゃ	chūsha	injection
しゅじゅつ	shujutsu	surgery; operation	てんてき	tenteki	intravenous drip
にゅういん	nyūin	hospitalization	しんでんず	shindenzu	electrocardiogram
レントゲン	rentogen	X-ray	ワクチン	wakuchin	vaccine

Q: なにを しますか。　A: ＿＿＿＿＿＿＿ ます。
Nani o shimasu ka.　　　　　　　*masu.*

おきます	*okimasu*	get up; wake up
ねます	*nemasu*	sleep
やすみます	*yasumimasu*	take a rest; be absent; take a day off
たべます	*tabemasu*	eat
のみます	*nomimasu*	drink
みます	*mimasu*	look; watch; see
ききます	*kikimasu*	listen; hear
よみます	*yomimasu*	read
かきます	*kakimasu*	write; draw
かいます	*kaimasu*	buy
いきます	*ikimasu*	go
きます	*kimasu*	come
かえります	*kaerimasu*	return; come back
あいます	*aimasu*	meet
あそびます	*asobimasu*	play
うたいます	*utaimasu*	sing
あらいます	*araimasu*	wash
おしえます	*oshiemasu*	teach
およぎます	*oyogimasu*	swim
つくります	*tsukurimasu*	make
てつだいます	*tetsudaimasu*	help
でんわ（を）します	*denwa (o) shimasu*	make a phone call
べんきょう（を）します	*benkyō (o) shimasu*	study
しごと（を）します	*shigoto (o) shimasu*	work
そうじ（を）します	*sōji (o) shimasu*	clean
せんたく（を）します	*sentaku (o) shimasu*	wash laundry
りょうり（を）します	*ryōri (o) shimasu*	cook
ジョギング（を）します	*jogingu (o) shimasu*	jog
うんどう（を）します	*undō (o) shimasu*	exercise
デート（を）します	*dēto (o) shimasu*	go on a date
かいもの（を）します	*kaimono (o) shimasu*	do shopping

りょこう（を）します	*ryokō (o) shimasu*	travel
さんぽ（を）します	*sanpo (o) shimasu*	take a walk
ドライブ（を）します	*doraibu (o) shimasu*	go for a drive
のんびりします	*nonbiri shimasu*	relax
かいぎ（を）します	*kaigi (o) shimasu*	have a meeting
ざんぎょう（を）します	*zangyō (o) shimasu*	work overtime
しゅっちょう（を）します	*shutchō (o) shimasu*	make a business trip
れんしゅう（を）します	*renshū (o) shimasu*	practice
チェック（を）します	*chekku (o) shimasu*	check
むかえに いきます	*mukaeni ikimasu*	pick up (a person)
つれて いきます	*tsurete ikimasu*	take (a person)

Glossary 23 Adjectives 形容詞

Q: _____ は どうですか。   A: _____ です。
wa dō desu ka.   *desu.*

■ Things / People

おおきい	*ookii*	big; large	ほそい	*hosoi*	thin; fine
ちいさい	*chiisai*	small	むずかしい	*muzukashii*	difficult
ながい	*nagai*	long	やさしい	*yasashii*	easy
みじかい	*mijikai*	short	いそがしい	*isogashii*	busy
たかい	*takai*	high; tall	ひま（な）	*hima(na)*	free; not busy
ひくい	*hikui*	low	しずか（な）	*shizuka(na)*	quiet
たかい	*takai*	expensive	にぎやか（な）	*nigiyaka(na)*	lively
やすい	*yasui*	cheap	とおい	*tooi*	far
あたらしい	*atarashii*	new	ちかい	*chikai*	close; near
ふるい	*furui*	old	はやい	*hayai*	quick; fast; early
いい	*ii*	good	おそい	*osoi*	slow; late
わるい	*warui*	bad	あかるい	*akarui*	bright; cheerful
おもい	*omoi*	heavy	くらい	*kurai*	dark
かるい	*karui*	light(weight)	べんり（な）	*benri(na)*	convenient
ひろい	*hiroi*	wide; spacious	ふべん（な）	*fuben(na)*	inconvenient
せまい	*semai*	narrow; small	つよい	*tsuyoi*	strong
ふとい	*futoi*	thick; fat	よわい	*yowai*	weak

おおい	*ooi*	many	やさしい	*yasashii*	gentle; kind
すくない	*sukunai*	few	げんき（な）	*genki(na)*	healthy; active
きれい（な）	*kirei(na)*	beautiful; clean	ゆうめい（な）	*yūmei(na)*	famous
かわいい	*kawaii*	cute	すばらしい	*subarashii*	wonderful
すてき（な）	*suteki(na)*	nice; lovely	すごい	*sugoi*	extreme; amazing
わかい	*wakai*	young	りっぱ（な）	*rippa(na)*	great; admirable
ハンサム（な）	*hansamu(na)*	handsome	じょうぶ（な）	*jōbu(na)*	tough; strong
かっこいい	*kakkoii*	cool; good-looking	たいせつ（な）	*taisetsu(na)*	important; precious
しんせつ（な）	*shinsetsu(na)*	kind	へん（な）	*hen(na)*	strange; odd

■ Temperature

あつい	*atsui*	hot	すずしい	*suzushii*	cool
さむい	*samui*	cold (weather)	あたたかい	*atatakai*	warm
つめたい	*tsumetai*	cold (water)	むしあつい	*mushiatsui*	muggy

■ Taste

おいしい	*oishii*	delicious; tasty	にがい	*nigai*	bitter
まずい	*mazui*	awful; terrible	しおからい／しょっぱい	*shiokarai/shoppai*	salty
あまい	*amai*	sweet	あぶらっこい	*aburakkoi*	greasy
からい	*karai*	hot; spicy	あじが　こい	*aji ga koi*	strong (taste)
すっぱい	*suppai*	sour	あじが　うすい	*aji ga usui*	weak (taste)

■ Emotion

おもしろい	*omoshiroi*	interesting; funny	なつかしい	*natsukashii*	miss; long for
つまらない	*tsumaranai*	boring	さびしい	*sabishii*	lonely
すき（な）	*suki(na)*	like	かなしい	*kanashii*	sad
きらい（な）	*kirai(na)*	dislike	はずかしい	*hazukashii*	embarrassing; feel embarrassed
あんしん（な）	*anshin(na)*	secure; comfortable	うらやましい	*urayamashii*	envious
しんぱい（な）	*shinpai(na)*	worried about	こわい	*kowai*	scary
たのしい	*tanoshii*	enjoyable	いや（な）	*iya(na)*	disgusting; lousy
うれしい	*ureshii*	happy	ざんねん（な）	*zan'nen(na)*	regrettable; too bad
きもちがいい	*kimochi ga ii*	comfortable			

Adverbs 副詞

■ Frequency

100%	いつも	*itsumo*	(always)
	たいてい	*taitei*	(usually)
	よく	*yoku*	(often)
50%	ときどき	*tokidoki*	(sometimes)
	あまり〜ません	*amari ~masen*	(rarely)
0%	ぜんぜん〜ません	*zenzen ~masen*	(never)

■ Quantity

100%	ぜんぶ	*zenbu*	(all)
	たくさん	*takusan*	(many; much)
50%	すこし	*sukoshi*	(a little; a few)
	あまり〜ません	*amari ~masen*	(not so many)
0%	ぜんぜん〜ません	*zenzen ~masen*	(not at all)

■ Condition / Time

いま	*ima*	now
すぐ	*sugu*	at once; immediately
あとで	*atode*	later
もういちど	*mō ichido*	once more
また	*mata*	again
もう	*mō*	already
まだ	*mada*	not yet; still
ゆっくり	*yukkuri*	slowly
よく（〜ません）	*yoku (~masen)*	not ~ well
もっと	*motto*	more

● MEMO

●MEMO